VILHELM HAMMERSHØI

En retrospektiv udstilling

Katalog ved Hanne Finsen og Inge Vibeke Raaschou-Nielsen

Ordrupgaard
København 1981

Vilhelm Hammershøi
1864–1916
En retrospektiv udstilling

Udstillingen er åben
16. oktober–29. november 1981
Dagligt kl. 13–17,
onsdag desuden kl. 19–22;
mandag lukket

Ordrupgaardsamlingen
Vilvordevej 110
2920 Charlottenlund
København
Telefon 01 64 11 83   01 64 05 48

Følgende har leveret fotografier til kataloget:

Bendtsen, Wermund, Odense: Katalog no. 47, 75, 86, 101, 114, 124, 125
Göteborgs Konstmuseum, Göteborg: Katalog no. 46, 57
Lolland-Falsters Kunstmuseum, Maribo: Katalog no. 111
Malmö Museum, Malmö: Katalog no. 56, 126
Nasjonalgalleriet, Oslo: Katalog no. 97
Nilsson, Sven, Stockholm: Katalog no. 26, 33, 81, 108
Næsby, Bent, København: Katalog no. 6, 7, 13, 18, 20, 22, 23, 24, 30, 38, 42, 50, 54, 59, 62, 68, 71, 73, 84, 88, 91, 98, 105, 107, 116, 120, 122, 123, 127, 128
Pedersen, Thomas og Poul, Århus: Katalog no. 25, 53, 66
Petersen, Hans, København: Katalog no. 1, 2, 3, 4, 5, 8, 9, 10, 12, 14, 15, 16, 17, 19, 21, 27, 28, 29, 32, 34, 35, 39, 41, 45, 48, 49, 51, 52, 60, 61, 63, 64, 65, 67, 69, 72, 74, 76, 77, 78, 79, 80, 82, 83, 92, 94, 95, 96, 100, 106, 117, 131
Randers Kunstmuseum, Randers: Katalog no. 93
Woldbye, Ole, København: Katalog no. 11, 31, 36, 37, 40, 43, 44, 55, 58, 70, 85, 87, 89, 90, 99, 102, 103, 109, 110, 112, 113, 118, 119, 121, 130

Udlånere:

Hendes Majestæt Dronning Ingrid
Davids Samling, København
Fyns Kunstmuseum, Odense
Göteborgs Konstmuseum, Göteborg
Den Hirschsprungske Samling, København
Hylén, Mona, København
Haarløv, I. Tryde, Odense
Den kongelige Kobberstiksamling, Statens Museum for Kunst, København
Koch, Marie Louise, København
Kristensen, Steen, København
Lolland-Falsters Kunstmuseum, Maribo
Malmö Museum, Malmö
Nasjonalgalleriet, Oslo
Nationalmuseum, Stockholm
Nielsen, V. Heltborg, Svendborg
Ny Carlsberg Glyptotek, København
Olufsen, Gerda og Peter, København
Randers Kunstmuseum, Randers
Ribe Kunstmuseum, Ribe
Statens Museum for Kunst, København
Svendsen, E., København
Thielska Galleriet, Stockholm
Galleria degli Uffizi, Firenze
Vejen Museum, Vejen
Aarhus Kunstmuseum, Århus
Samt en række privatsamlere, som ønsker at være anonyme

Oversættelse:
Henrik Rosenmeier

Tryk: Krohns Bogtrykkeri A/S
Sats: City Foto Sats
Reproduktion: Bjarnholt og ABC grafik
Grafisk tilrettelægning: Erik P
Copyright 1981 Ordrupgaardsamlingen
ISBN 87 980729 51

FORORD

Vilhelm Hammershøi er den eneste danske maler, som allerede i levende live blev kendt og værdsat ude i Europa. Og der var ikke tale om en døgnberømmelse, skabt af tilfældigheder, letvindt og flyvsk, næh, anerkendelsen havde bund under sig og holdt sig urokket fra by til by, land til land og udstilling til udstilling. Det var en mester, man havde for sig, og han fik en mesters ry og nød en mesters respekt.

Det fremgår tydeligt af de scrapbøger, som Hammershøis mor med omhu og pietet samlede stof til fra hans debut i 1885 og indtil hendes egen død, kun to år før sønnens. Disse udklip fra hans europæiske udstillinger, omtale, anmeldelser etc., suppleret med hendes egne knappe, koncise oplysninger om produktion, salg og andet tørstof, giver et overbevisende indtryk af den beundring, han fremkaldte udenfor Danmarks grænser. Hammershøi var noget og Nogen fra første færd. Den berømte franske kritiker, *Théodore Duret*, som Ordrupgaardsamlingen har grund til at mindes i taknemmelighed, fordi han bistod dens stifter med at opbygge sin fine, franske samling, omtalte ifølge en notits i bladet København i juli 1890 Hammershøi som en »Første-Rangs Mester«, og at det var andet og mere end en artig talemåde bekræftede han ved at ønske ham indlemmet i sin udsøgte samling af moderne kunst. Det var de franske impressionisters fortaler og forsvarer, som tog den danske maler med blandt sine udvalgte kunstnere. Herom vidner også kunsthistorikeren *Karl Madsen*, der i nogle nytårsbetragtninger et halvt år senere beretter om, hvordan Duret under sit besøg i København havde bemærket sig Hammershøis to billeder »Portræt af ung pige« og »Ung pige, der syr« og fremhævet dem som særligt beundringsværdige, i klasse over alt andet, han havde set af dansk kunst. På baggrund af at netop disse to billeder var kendt uværdige til hen-

holdsvis at modtage den Neuhausenske Præmie og til optagelse på Charlottenborg-udstillingen, er der tale om et usædvanligt klarsyn og fremsyn hos den franske kritiker.

Også den store, russiske balletmester, *Serge Diaghilev*, fik øje på Hammershøi, da han i 1897 besøgte København for at udvælge billeder til en skandinavisk kunstudstilling i St. Petersborg. Diaghilev, som siden skabte sin egen dansekunst i samarbejde med datidens store, franske malere, købte straks et billede af Hammershøi og bestilte et andet, og han sørgede for, at den danske kunstner fik en rimelig repræsentation på den russiske udstilling.

At *Renoir* også var opmærksom på sin danske kollega og antageligt lagde stillingsmotivet i »Portræt af ung pige« til grund for et af sine egne billeder er ikke ukendt, heller ikke, at han lod sig betage af Hammershøis henrivende portræt af sin forlovede *Ida Ilsted*, som var udstillet på Verdensudstillingen i Paris 1900. Mindre kendt er det utvivlsomt, at også den tyske digter *Rainer Maria Rilke* havde et solidt kendskab til Hammershøis kunst, og at hans beundring var så stor, at han havde planer om at skrive en bog om hans kunst, som oplyst i Berlingske Tidende december 1904. Desværre blev det ved det gode forsæt.

Hammershøi var ordknap til stumhed, når det gjaldt oplysninger og optegnelser om sig selv. En beskedenhed, som kan forekomme såre sympatisk menneskeligt set, men tilsvarende upraktisk for en videbegærlig eftertid. Vi har derfor grund til at være dobbelt taknemmelige for moderens omhyggeligt førte scrapbøger, rige på udsagn og analyser, som de er.

Vi finder også her et indtagende stemningsbillede fra Rom, forfattet af digteren *Johannes Jørgensen*, som i en korrespondance til bladet Vort Land i november 1902 beretter om, hvorledes han på Corso'en strejfer

Hammershøi og hans kone, som i sin enkle blå bomuldskjole stak påfaldende af fra de »mægtige Romerinder med Silkebetræk«. Parret søgte øjensynligt efter en gade, men Jørgensen undlod at vise vej, for han ville nødigt benytte sig af lejligheden til »at gjøre en berømt Mands bekendtskab«. Også sin forargelse holdt han for sig selv – eller rettere reserverede den for Vort Land, hvori han gav udtryk for, hvor skammeligt det var, at Hammershøi måtte rejse for nådsenspenge, indsamlede af kolleger og venner. Akademiet havde ikke fundet ham værdig til af sine mange rejselegater, »den store kunstner« – som Johannes Jørgensen udtrykte det – »en af de Faa, hvis Navn virkelig kjendes, og hvis Værker virkelig skattes udenfor Danmarks Grænser – han har kun kunnet gjøre den Reise i Kraft af Venners og Bekjendtes Goddædighed«.

Sådan var det stedse i Danmark. Ved at se ned på de store bilder man sig ind at kunne holde højde med dem.

Men i udlandet var han kendt og anerkendt. Tyske blade fremhæver hans kunst som epokegørende og sammenligner ham med verdenskendte danskere som *Thorvaldsen, Ørsted* og *Niels Finsen,* som det fremgår af en notits i Politiken fra 1905. Udover Tyskland udstiller han i Frankrig, England og Italien og en enkelt gang i U.S.A. Fremtrædende tyske museumsfolk og kunsthandlere – blandt andet den navnkundige *Paul Cassirer* – interesserer sig for ham og køber af ham. Den engelske pianist, *Leonard Borwick* sporer ham efter at være faldet over en tilfældig reproduktion af et af hans billeder og bliver hans nære ven og utrættelige fortaler på det engelske marked. Hans ry, hans priser stiger. Han er et begreb og et navn i Europa, da krigen kommer og sætter en stopper for det hele.

Men Danmark hører ikke med til Europa. Man synes knapt nok at ænse, hvad der sker syd for Kongeåen. Det nationale galleri køber ikke af ham, eller så godt som ikke. Selv hans hovedværk »Fem portrætter«, som i tre år havde henstået i ubemærkethed, lod man uanfægtet gå til en svensk samler. Hammershøi besvarede nationens ligegyldighed med sin egen ligegyldighed, han lod sig ikke anfægte af publikums domme eller fordomme, men der er grund til at tro, at skuffelsen over den ringe opmærksomhed har et ikke ringe ansvar for, at han opgav at fuldføre »Aften i stuen«, som syntes at skulle fortsætte bestræbelserne i »Fem portrætter«. Mismodet har kuldslået hans sind og lammet hans kraft. Kunstnerkollegers chikane og publikums nedvurdering eller ligegyldighed rystede ham tilsyneladende ikke, men det har muligvis isnet ham. At udstille interesserede ham ikke synderligt, og i flere år undlod han at indsende

billeder selv til Den Fri, som han havde været medstifter af.

Berømmelsen udefra var ikke nok til at overbevise det indifferente Danmark, der kom først bevægelse i de træge sindelag, da den gav sig kontante og klingende udslag i form af priser og medailler. Således overbevist af penge og plaketter begyndte også hjemlandet at hylde sin søn. Dyrkelsen kulminerede med mindeudstillingen i 1916 og udgivelsen af Bramsen & Michaëlis' store værk om hans kunst i 1918, og den holdt sig op gennem 20'rne, så satte tavsheden atter ind og varede vel ved, indtil Kunstforeningen holdt sin Hammershøi-udstilling i 1955, og Poul Vad to år senere udsendte sin smukke bog om ham.

At også det udenlandske ry i løbet af de mange år er blegnet og forvitret og til sidst forsvundet er ikke uforståeligt. Kendere og særligt kyndige holder ham vedvarende i hævd, men når vi ikke selv gør opmærksom på ham, er det nok lidt urimeligt at forlange, at man udefra for anden gang skal opdage ham før os.

Det er også en grund til at afholde denne udstilling. Museumsfolk har længe kunnet iagttage den entusiasme og spontane beundring, som vort udenlandske publikum, især det amerikanske og anglosaxiske, gav til kende, når de opdagede den »ukendte«. Jeg håber, denne udstilling vil medvirke til at gøre ham kendt igen og værdsat både ude og hjemme.

Besynderligt forekommer det, at han, som ude blev betragtet som nordisk og dansk, af sin danske samtid blev påduttet fremmedartethed og affektation. Men som *Vilhelm Wanscher* har udtrykt det: »Efter den hede Krøyer'ske Sommer var det sundt for danske Naturer at føle Vinterstilheden i Hammershøis Kunst«.

Og Hammershøi selv fulgte uanfægtet sin bane. Tilsyneladende. Han bevægede sig langsomt, men kom ikke ud af trit, og han vaklede ikke. Han søgte gang på gang til udlandet, lange rejser og lange ophold ude for at se og lære, for at tage til sig, så han igen kunne give fra sig. Men ude skulle han føle sig hjemme, før hans arbejdsevne meldte sig. Hans kones breve hjem vidner herom. Han var hjemmedansker, også når han befandt sig ude og har selv forklaret, at han savnede kendskab til de lokale traditioner, de litterære tilknytninger. Blandt Hammershøis venner var folk som *Sophus Claussen* og Johannes Jørgensen, og han havde skabt sig en betydelig bogsamling.

Han har nok også savnet sine billeder. Han kendte sit lands billedkunst, granskede den nøje og købte også efter sin beskedne økonomiske formåen. *Købke* satte han højst, men han ejede også småbilleder af *Lundbye* og *Kyhn* og besad et hovedværk af *Roed.*

I sine sidste år – og han blev kun knap 52 år – ramtes han af afmagt og selvopgivenhed. Det skyldtes den alvorlige sygdom, han selv led af, og sikkert også den svækkelse, som hele folkelegemet er plaget af, tærende provinsialisme. Drøje vilkår for en så enestående skaberkraft. Han var jo dog blandt de ypperste, hvad denne udstilling, som omfatter mere end dobbelt så mange værker som den sidst afholdte, gerne skulle vidne og overbevise om.

Den er blevet til ved hjælp, støtte, venlighed, råd og dåd fra mange sider. Kolleger skal takkes for redebon kollegialitet, private udlånere fra slot til hytte for imødekommenhed. Det er deres skyld, at vi kan møde med samtlige kunstnerens hovedværker; kun et enkelt afslag har vi fået, og det skyldtes et uløseligt konserveringsmæssigt problem. Udenlandske museer med Uffizierne i spidsen har stået bi, og Augustinus Fonden har sikret udstillingen ved velvillig støtte. Kunsthandler Arne Bruun Rasmussen og prokurist Jens Hermann har gavmildt øst af deres viden og ofret af deres tid for at lette os vejen. Også Kunstakademiets bibliotek og billedsamling bør takkes for hjælpsomhed og Kunstmuseets konservatorer for ildhu og samarbejdsvilje.

Hanne Finsen

Portrætfotografi af Vilhelm Hammershøi. Ca. 1889
Tilhører Det kongelige Bibliotek

PREFACE

Vilhelm Hammershøi is the only Danish painter who became known and appreciated throughout Europe while he was still alive. And this was no ephemeral fame created by circumstance, easily bought and fleeting; no, that recognition was well founded and remained unshakable from city to city, from country to country and from exhibition to exhibition. One was confronted with a master painter, and he gained the reputation and enjoyed the respect due to a master.

This appears clearly from the scrapbooks for which Hammershøi's mother carefully and lovingly gathered material from 1885, the year of his first public showing, until her own death, just two years before her son's. These clippings from his European exhibitions, publicity, reviews, etc. supplemented by her own terse, concise information about works, sales and other factual matter provide a convincing impression of the admiration he evoked beyond the borders of Denmark. Hammershøi was something and somebody from the outset. *Théodore Duret*, the famous French critic, whom the Ordrupgaard Collection has good reason to remember with gratitude because he assisted the founder in establishing his splendid French collection, spoke of Hammershøi in *København* in July 1890 as a "master of the foremost rank", and he confirmed that this was something different from and more than a mere courteous platitude with his wish to see him included in his own choice collection of modern art. Thus the spokesman and advocate of the French impressionists included the Danish painter among his chosen artists. Half a year later the art historian *Karl Madsen* also testifies to this in some New Year's reflections and relates how Duret during his visit to Copenhagen had singled out "Portrait of a Young Woman" and "Young Woman Sewing" as especially admirable and in a class supe-

rior to everything else he had seen of Danish art. In view of the fact that it was precisely these two paintings that had been found in the one case unworthy of the Neuhausen Prize and in the other unsuitable for hanging in the Charlottenborg exhibition, we must acknowledge the unusual perspicacity and farsightedness of the French critic.

Further, *Serge Diaghilev,* the great Russian ballet master, discovered Hammershøi in 1897 when he visited Copenhagen in order to choose pictures for an exhibition of Scandinavian art in St. Petersburg. Diaghilev, who subsequently created his own art of the dance in collaboration with the great French painters of his day, at once purchased a picture by Hammershøi and commissioned another, and he saw to it that the Danish artist was reasonably well represented at the Russian exhibition.

It is not unknown that *Renoir* also took note of his Danish colleague and probably chose the composition of "Portrait of a Young Woman" as the basis for one of his own pictures, nor that he was enchanted by Hammershøi's ravishing portrait of his fiancée, *Ida Ilsted,* which was exhibited at the World's Fair in Paris in 1900. But undoubtedly it is less well known that *Rainer Maria Rilke,* the German poet, also was thoroughly familiar with Hammershøi's art and that his admiration was so great that he entertained plans of writing a book about it, as reported in *Berlingske Tidende* in December 1904. Unfortunately he never realized his good intentions.

Hammershøi was taciturn to the point of near silence when it came to autobiographical information and records, a modesty that may seem most sympathetic measured in human terms, but correspondingly impractical for a posterity thirsting for knowledge. Therefore we have reason to be doubly grateful for his mother's carefully kept scrapbooks, abundant as they are with evidence and analyses.

Here we also find a charming lyrical description from Rome written by the poet *Johannes Jørgensen,* who in a report to the journal *Vort Land* (Our Country) in November 1902 recounts how he brushes by Hammershøi and his wife in the Corso, and how she in her simple blue cotton dress differed strikingly from the "enormous Roman ladies with their silken upholstery". The couple seemed to be looking for a certain street, but Jørgensen failed to show them the way as he was reluctant to take this opportunity "to make the acquaintance of a famous man". He also reserved to himself his indignation – or rather, he reserved it for *Vort Land* where he did voice it – over the shame it was that Hammershøi was forced to travel on mere alms collected by colleagues and friends. The Royal Academy had not found him worthy of one of the many travel awards at its disposal. As Johannes Jørgensen put it: "That great artist, one of the few whose name is really recognized and whose works are truly appreciated beyond the borders of Denmark, has only been enabled to undertake this journey thanks to the charity of his friends and acquaintances".

That was always the way it was in Denmark. By looking down on the great one can make oneself believe that one is of the same stature.

But abroad he was known and recognized. German journals single out his art as epochal and compare him with world-famous Danes like *Thorvaldsen,* *Ørsted* and *Niels Finsen,* according to an item in *Politiken* in 1905. Besides exhibiting in Germany, he also did so in France, England and Italy as well as once in the United States. Prominent German museum people and art dealers – amongst them the legendary *Paul Cassirer* – are interested in him and buy from him. *Leonard Borwick,* the British pianist, searches him out after having chanced upon a reproduction of one of his paintings and becomes his close friend and untiring advocate in the English market. His fame, his prices increase. He is a concept and a name in Europe. Then the war comes and finishes all that.

But Denmark is not a part of Europe. Seemingly no heed is paid to events south of the Kongeå (then the border with Germany). The Royal Museum of Art does not purchase from him, or practically not at all. Even his masterpiece, "Five Portraits", which had been left unnoticed for three years, was allowed carelessly to go to a Swedish collector. Hammershøi responded to the indifference of the nation with his own indifference, and did not permit himself to be affected by the judgement or prejudices of the public, although there is reason to believe that disappointment over such slight attention has no little share of responsibility for his abandoning "Evening in the Room" which seemed intended as a continuation of the efforts of "Five Portraits". Despondency chilled his heart and paralysed his strength. The chicanery of fellow artists and the downgrading or indifference of the public apparently did not shake him, but it may have frozen him.   He was not particularly interested in exhibiting. For several years he neglected to submit pictures even to Den Fri (The Open Exhibition), of which he had been a founding member.

Fame in the outside world was insufficient to convince the indifferent Denmark. Nothing started moving in those sluggish temperaments until there were tangible and ringing results in terms of awards and medals. Thus, convinced by money and plaques, the native country also began to pay homage to her son.

The worship culminated in the memorial exhibition of 1916 and the publication by Bramsen and Michaëlis of a major work on his art in 1918, and it continued up through the '20s. Then silence recommenced, and, properly speaking, it prevailed until Kunstforeningen (the Art Society) held a Hammershøi exhibition in 1955 and two years later when Poul Vad published his handsome volume about him.

It is not hard to understand that his reputation abroad has paled, disintegrated and finally disappeared. Connoisseurs and specialists have continued to appreciate him, but when we ourselves fail to call attention to him, it is probably a little unreasonable to demand that he should be discovered for us yet another time.

That is another reason for having this exhibition. For some considerable time museum experts have been able to observe the enthusiasm and spontaneous admiration which our foreign public – especially the American and British public – have shown when they discovered the "unknown". It is my hope that this exhibition will contribute towards making him known once again and appreciated both at home and abroad.

It does seem strange that the man who abroad was considered Nordic and Danish was imputed to be strange and affected by his Danish contemporaries. But, to use *Vilhelm Wanscher*'s expression, "After the torrid summer of Krøyer, it was wholesome for Danish tempers to sense the quiet of winter in Hammershøi's art".

And unperturbed Hammershøi pursued his own course. Apparently. He moved slowly, but was not out of step, and he did not falter. Time and again he went abroad, on long journeys and lengthy stays to see and to learn, to absorb so that he might once again give of himself. But when he was abroad, he had to feel at home before he was able to work. His wife's letters home document this. He remained a real Dane – also when he discovered himself to be abroad, and he himself has stated that he missed knowledge of local traditions and connections with the world of letters. Among his friends were people like *Sophus Claussen* and *Johannes Jørgensen,* and he had established a considerable library.

Probably he also missed his pictures. He knew his Danish art history, studied it closely and indeed bought according to his modest means. He most esteemed *Købke,* but he also possessed minor pictures by *Lundbye* and *Kyhn* and owned a *Roed* masterpiece.

During his last years – and he only lived until he was 51 – he was afflicted with futility and despair. The cause was his serious illness and probably also the debilitation that afflicts the entire population: corroding provincialism. Harsh conditions for such a unique creative force. We would like this exhibition, which comprises more than twice as many pictures as the last Hammershøi show, to be convincing testimony that he was among the greatest.

It has come about thanks to help, support, cooperation, advice, and assistance from many sides. I thank my colleagues for ready professional loyalty and private lenders from castle to cottage for their cooperation. It is owing to them that we can present all of the artist's principal works. We had only a single refusal and that was because of insoluble problems of conservation. Foreign museums, with the Uffizi foremost, aided us, and with kind support the Augustinus Foundation has underwritten the venture. Mr. Arne Bruun Rasmussen, the art dealer, and Mr. Jens Hermann of the same firm have liberally shared their knowledge with us and given of their time to ease our way. And we ought to thank the staff of the pictorial archives and the library at the Royal Academy for their help, as well as the staff of the conservation department at the Royal Museum of Fine Arts for their zeal and cooperation.

Hanne Finsen

Kjære Moder

Mange Tak for Dit sidste Brev,
vil Du hilse og takke Fader for
hans Brev og for de 10 Kroner.
Nu kan jeg ikke blive her
længer og kommer derfor hjem
paa Søndag eller maaske
først paa Mandag. Jeg har
saagodt som ikke set Solen
i de sidste 14 Dage, og jeg
skulde jo gjerne have 8 Dage

Brev fra Vilhelm Hammershøi til hans mor. Ca. 1883
Den Hirschsprungske Samling

DEN SORT-HVIDE KOLORIST
Af Thorkild Hansen

Les grands coloristes savent faire de la couleur avec un habit noir, une cravate blanche et un fond gris.
Baudelaire

Livet kan blandt meget andet også føles uoverkommeligt. Megen stor kunst går derfor ud på at bringe det under kontrol, nedskrive og dermed afskrive mangfoldigheden, bekæmpe og helst besejre virkeligheden, reducere den uoverskuelige størrelse sammensat af lidelse og meningsløshed til en enkel og anvendelig formel, omtrent som da Einstein reducerede kosmos til $e=mc^2$.

Hammershøi endte med en hvid stol op ad en grå væg. Og satte han undtagelsesvis et menneske på denne stol, vendte det i det mindste ryggen til. Og vendte det ikke ryggen til, var det under alle omstændigheder klædt i sort. Sort på hvidt på gråt. Det mærkelige er, at det slutresultat, vi ser, bliver et farveskønt billede af livet. Hele livet.

Som det lykkedes Hammershøi at beherske mangfoldigheden i en genial forenkling, havde han stort set også held til at tæmme sin egen skæbne ned i det næsten biografiløse. Han fødtes den 15. oktober 1864 i et borgerligt milieu, som han udadtil aldrig forlod. Allerede som 15-årig kom han på Akademiet, hvor han forblev i 5 år, idet han samtidig opsøgte Krøyers malerskole i Bredgade. De to havde ikke meget tilfælles, men Hammershøi værdsatte Krøyer som lærer, og Krøyer kunne ikke være i tvivl om elevens talent, der jo næsten straks kom til fuld udfoldelse. Allerede det første billede, han udstillede kun 21 år gammel, er en Hammershøi.

Det var det berømte »Portræt af en ung pige«, der kunne ses på Charlottenborgs forårsudstilling i 1885 og senere på verdensudstillingen i Paris 1889, hvor modellens holdning skal have inspireret ingen ringere end Auguste Renoir til hans »Baigneuse« fra 1891 (med mindre de begge har kikket på den samme Rembrandt). Men billedet var ikke godt nok til at modtage den Neuhausenske præmie, som det var malet for, og

da Charlottenborgudstillingen to år senere forkastede »En ung pige, der syer«, førte det til, at Hammershøi sammen med bl.a. Willumsen og Johan Rohde brød ud og dannede den Frie. Da det kasserede billede vistes her i 1891, meldte den kendte franske kunstkritiker, Théodore Duret, sig som interesseret køber. Sjældent har man set en dansk maler bryde hurtigere igennem. I udlandet.

Samme år ægtede Hammershøi den smukke Ida med de store øjne, som vi kender fra så mange af hans billeder. Ægteskabet blev barnløst, måske ønskede Hammershøi ikke at få børn, selv om Bramsen siger, at han var en stor børneven. Man har under alle omstændigheder svært ved at forestille sig den nervøse, overfølsomme og tilknappede mand som midtpunktet i et rigt og blomstrende familjeliv. Hvordan Ida befandt sig i den tynde luft, han skabte omkring sig, ved vi ikke, men vi mere end aner omkostningerne, når vi sammenligner ungdomsbillederne af hende med det hærgede ansigt, der viser sig for os på det senere portræt af hende med kaffekoppen. Kunstens stolte skib sejler frem med mange lig i lasten, men det er sjældent mænd.

I 1899 bosatte ægteparret sig i borgmester Mikkel Vibes gamle gård i Strandgade 30 på Christianshavn, og i det følgende 10-år blev dette virkelighedens adresse for Hammershøi. Her malede han over 60 af de interieurer, han skyldte sin berømmelse, og herfra havde han kun nogle få skridt til sit andet yndlingsmotiv, Asiatisk Kompagnis bygning ovre på den anden side af gaden nr. 25, hvortil han (efter et kort intermezzo i Bredgade) senere flyttede hen og tilbragte de sidste år af sit liv.

Var hans kunstneriske virkefelt således begrænset til et snævert areal med enkelte afstikkere til Christiansborg og Amalienborg og – når det gik højt – Kronborg, kan man på ingen måde betegne ham som provinsiel. Hans brede orientering stod i omvendt forhold til hans kunstneriske koncentration, der netop derved øgedes på samme måde, som knappenålens tryk bliver så stort, fordi det udøves på så lille et areal. I løbet af sit korte liv foretog Hammershøi ikke mindre end 11 udenlandsrejser, hvoraf de fleste var langvarige, således boede han længere perioder i England, Frankrig og Italien. Hans interesse for udlandet belønnedes med en tilsvarende udenlandsk interesse for hans maleri, som man fandt typisk dansk, hvad vi andre kan have sværere ved at se. Efter Renoir og Duret kom bl.a. Serge Diaghilev, hvis sans for moderne malerkunst jo siden kom til udtryk i de berømte balletter med teaterdekorationer af Braque, Matisse og Picasso. Diaghilev købte allerede i 1899 to billeder af Hammershøi og sørgede for, at han blev fyldigt udstillet i Skt. Petersborg.

Det egentlige udenlandske gennembrud kom fem år senere med en større udstilling i Berlin, der siden flyttedes til Hamborg. Fra dette tidspunkt var hans bedste billeder næsten konstant på rejse mellem de store byer i Europa, ja endog i Amerika, hvor de allevegne mødtes med lovprisninger af kunstanmelderne. På Rom-udstillingen 1911, der omfattede henved 3000 malere, var Hammershøi blandt de 5, der prisbelønnedes og opfordredes til at indsende et selvportræt til Uffizierne. Da første verdenskrig kom og afbrød denne udvikling, var han godt på vej til en større navnkundighed end nogen anden af sine samtidige.

Dog stadig ikke i København. Som han ikke var god nok til Charlottenborg og den Neuhausenske, blev han en af de markante undladelsessynder på Statens Museum for Kunst, der i hans levetid kun købte to af hans billeder og bl.a. sagde nej tak til hovedværket »Fem Portrætter«, som gik ud af landet. Hans værker blev på den måde mere spredt end de flestes, og når vi i dag, 65 år efter hans død, for første gang kan se det i en større, repræsentativ sammenhæng, er det derfor en begivenhed, der næppe til gentage sig i vor tid.

Måske var Hammershøi selv ikke ganske uden skyld i denne kølighed fra omverdenens side, den var nemlig meget gensidig. Alfred Bramsen omtaler hans »nærmest fænomenale ligegyldighed over for publikums omdømme.« Han gad dårligt sende billeder til de årlige udstillinger eller lod andre finde ud af, hvad der skulle med. Den i forvejen ensomme isolerede sig med årene mere og mere, havde ingen egentlige venner og var over for de fleste reserveret og fåmælt, uden frodighed og spontanitet. Til hans glæder hørte musikken, han gik gerne til koncert og holdt også af at omgive sig med smukke ting, som han ikke altid havde råd til, bøger, møbler, måske en Købke eller en Lundbye. Han døde kun 51 år gammel den 13. februar 1916 af den kræftsygdom, som havde undermineret hans sidste år. Han efterlod sig ingen videre korrespondance og slet ingen erindringer, så det kan trods flere selvportrætter være svært at trænge ind til ham som menneske. Det går os i forhold til ham, som det gik ham selv i forhold til mange af sine modeller: vi ser ham kun fra ryggen.

Til gengæld har vi hans malerier. Samtiden sagde nedladende, at de lignende kolorerede fotografier, men det er ikke rigtigt, for de er jo næsten ikke kolorerede. Hans grundskala bevæger sig fra sort til hvidt, ud over den tillader han sig kun en anelse sepia, oliven, messinggult og, når det går højt, en antydning af blegrødt til modellens læber og brystvorter. Joakim Skovgaard, der ved lejlighed så hans palet med de fire klart afgrænsede farveklatter, sagde træffende, at det så ud, som om der lå fire østersskaller. Der kunne komme noget perlemorsagtigt over hans farve, i mattere udgave en tinfarve, en farve som af anløbent sølv, og forlod han en sjælden gang denne skala til fordel for kraftigere kulører, blev udtrykket gerne monochromt i denne nye kulør som i billedet af den røde stue eller af det irgrønne tag på ridebanen.

Hammershøi vidste, at den mindste effekt giver den største virkning. Ved den yderst beherskede anvendelse af farven opnåede han at tildele den en særlig betydning i billedet, jo sjældnere jo mere værdifuld, jo sparsommere jo mere uundværlig. Et eksempel blandt mange er billedet af den læsende unge mand, hvor den svage gyldne tone i gardinet og i billedrammen på væggen og den endnu svagere sienna i det ene af billederne som baggrund til mandens sorte tøj, det sorte chatol og den hvide stol tilfører billedet et koloristisk udtryk i den forstand, Baudelaire tænker på, når han siger, at de store kolorister kan lave farve med en sort habit og et hvidt slips på en grå baggrund (citeret af Poul Vad).

Hammershøis malerier blev altså ikke »koloreret«. Selv om vi i hans ufærdige arbejder kan se, at han ikke blot lagde sine billeder an, men også længst muligt gennemarbejdede dem i det grå, virker farven i det færdige billede ikke som noget, der er tilføjet, noget der er kommet til sidst, men tværtimod som noget, der har været der hele tiden og nu er ved at forsvinde, at trække sig tilbage fra billedet. Vi ser lige det døende messingglimt i håndtagene på de »Åbne døre«, den røde portière, som næsten er trukket helt til siden i billedet af moderen.

Tilbage bliver den sort-hvide grundtone, der fik hans samtidige til at tænke på fotografiet. Carl V. Petersen forklarer den med, at Hammershøi til daglig var henvist til at gøre sine studier over fremmed kunst efter fotografiske reproduktioner, men det var der jo for det første mange andre, der var, uden at deres billeder af den grund blev sort-hvide, og for det andet var Hammershøi som sagt en flittig rejsende, der tidligt havde givet sig lejlighed til at se Europas største museer. At hans billeder desuden ikke er fotografier eller noget i retning af vore dages hyperrealisme kan man overbevise sig om ved en hurtig kontraprøve: man behøver blot at se dem affotograferet, så skal de nok tage sig ud som malerier!

Nej, men fotografiet har utvivlsomt fængslet ham. Vi ved, at han lavede i hvert fald eet af sine mesterværker efter et fotografi, og det endog et billede af hans egen forlovede, som vi ellers må formode, han havde for hånden i naturlig størrelse, – om man kan tilgive et så håndfast udtryk i forbindelse med Hammershøi. Han tilhørte den generation, for hvilken fotografiet var en ligeså omvæltende nyskabelse, som fjernsynet er det for os, og vi må i den forbindelse ikke glemme,

at man på hans tid anvendte fremkaldelses- og kopieringsmetoder, der gav det sort-hvide billede en større nuancerigdom, end vi almindeligvis kan opnå med de metoder, som er gængse i dag.

Hammershøi har tidligt set, at der i denne grafiske nedskrivning af virkeligheden lå en forenkling og en stilisering, som han kunne bruge, fordi den ikke gik ud over, men tværtimod forstærkede det, der interesserede denne æstetiske fanatiker over alt andet: linjerne og lyset.

Enhver fotograf ved, hvor meget mere lyset betyder for sort-hvide billeder end for de hæslige farvebilleder (taget med blitz!), der er lykken i vore dage. Nogenlunde sådan har Hammershøi formentlig arbejdet med sin sort-hvide skala. På næsten alle hans billeder er lyset hovedmotivet, og lyset er som oftest det fattige danske vinterlys, gråvejrslyset ganske uden farve, varme og fest men til gengæld så rigt på nuancer. Det er ikke stænket ned over lærredet med effektfuldt anbragte zinkhvide klatter som hos hans samtidige, ikke mindst hans lærer og modsætning Krøyer. Det er et lys, der siver ind over billedet og former modellen, hvad enten modellen er den nøgne kvinde eller den (smukkere) rytterstatue på Amalienborg Plads. Det er fortrinsvis indirekte, for Hammershøi ved selvfølgelig også, at det indirekte lys tit er det kønneste, og der er sjældent ret meget af det, tværtimod, det har en tendens til at forsvinde fra lærredet ligesom farverne, også her har den mindste effekt den største virkning. Det er et lys, der med årene bliver svagere og svagere, han underbelyser, hvor han kan komme til det, til sidst er der ikke meget andet tilbage af det, end hvad der kommer fra et par stearinlys. Det er et lys, der når som helst kan pustes ud.

Hammershøi fødtes i nederlagsåret 1864 og døde midt under den første verdenskrig. Vi befinder os i en verden, der er ved at gå under, de billeder vi ser er billeder af ting, som er ved at forsvinde, måske det netop derfor er så magtpåliggende for os at fastholde dem.

Hvilke billeder? Den samme askese, der præger Hammershøis udtryksform, viser sig i hans yderst begrænsede motivkreds. Hans malerier er renset for anekdoter og anden imødekommenhed, hans interesse lå i det linjespil, motivet tilbød ham. Han malede gerne det samme billede om og om igen næsten uden andre forandringer end en ændret belysning, og hans emnegruppe indskrænkede sig til nogle få natur- og arkitekturbillede, nogle lidt flere portrætter og et meget stort antal interieurer, en fordeling som i sig selv siger en del om hans stærke ønske i retning af at trække sig tilbage, forskanse sig, holde omverdenen på afstand.

Det samme går igen i de enkelte motiver, livet er

bragt under kontrol. I hans landskaber finder vi ikke et menneske, ikke et dyr, ikke en blomst. Hans arkitekturbilleder, – Kronborg, Christiansborg, Asiatisk Kompagni – er stærkt, ofte næsten symmetrisk strukturerede konstruktioner af huse ubeboelige for mennesker. Selv hans portrætter (han modtog ikke bestillinger, men malede kun folk han kendte personligt) ligner allesammen hinanden, fordi de allesammen er portrætter af en ensomhed, før de er portrætter af en person. Hvor flere personer er samlet som i det berømte hovedværk »Fem portrætter«, sporer man ikke den ringeste kontakt mellem personerne indbyrdes, ja ikke engang i dobbeltportrætterne af kunstneren og hans hustru findes der noget tegn på en kommunikation.

Stærkest kom denne mærkelige stemning af koncentreret fravær til udtryk i de talrige interieurer eller »stuer«, der allerede i samtiden blev Hammershøis særkende. Han malede så mange af dem, at det nu og da kunne få karakter af fabrikation, for det var den slags billeder, folk ville give penge for, og det må vi ind imellem tage hensyn til. Men det store antal skyldtes også, at han her i sine egne sparsomt, men smagfuldt møblerede stuer, beskyttet og bragt i sikkerhed bag sine hvidmalede døre med de brede karme og store fyldinger og solide messingbeslag, uforstyrret af larmen og roderiet i verden omkring ham, frit kunne studere det tavse møde mellem lyset og linjerne, der var hans hjertesag.

Uanset mesterskabet i nogle af disse studier vil vi dog tro, at de behøver tilstedeværelsen af en dødelig for selv at blive udødelige. I malerier som det førnævnte »Fem portrætter« eller den læsende unge mand eller den gamle kone foran vinduet eller møntsamleren eller kvinden med fejekosten nåede Wilhelm Hammershøi for os et europæisk format. Igen skete det ikke på grund af det anekdotiske eller det individuelle, thi vi omfatter hverken fejende koner eller møntsamlere med nogen speciel interesse, – og det endskønt vi for nylig på højeste sted har set en hel udstilling arrangeret ikke efter malernes kunstneriske udtryksform, men efter billedernes »sociale« motivindhold!

Det vi oplever her, er noget andet. Ved at komme ind i disse stuer er disse mennesker ligesom tilbagekøbt fra forgængelighedens verden. Al den virkelighed, som bare vil os til livs, er på en eller anden måde overvundet. Når vi ser på disse billeder, får vi ligesom over for billeder af Vermeer, en følelse af, at tiden er gået i stå og verden bragt til tavshed og evigheden begyndt, uden at vi er døde først.

Portrætfotografi af Vilhelm Hammershøi. Ca. 1891
Tilhører Det kongelige Bibliotek

13

THE BLACK AND WHITE COLOURIST

By Thorkild Hansen

Les grands coloristes savent faire de la couleur avec un habit noir, une cravate blanche et un fond gris.

Baudelaire

Life may – among other things – also feel insurmountable. Hence much great art aims to control it, to diminish and thereby to dismiss multiplicity, to combat and preferably to conquer reality, to reduce that incomprehensible entity composed of pain and emptiness to one simple and useful formula – roughly as when Einstein reduced the universe to $e=mc^2$.

In the end, Hammershøi had a white chair against a grey wall. And if, exceptionally, he placed a figure on that chair, then at the very least it had its back turned. And if its back were not turned, it would in any event be dressed in black. Black on white on grey. But strangely enough the end result we look at is transformed into a richly coloured picture of life. All of life.

Just as Hammershøi succeeded in controlling multiplicity by means of a brilliant simplification, so he also managed by and large to tame his own destiny so that it became well-nigh void of biography. He was born on October 15, 1864 in a bourgeois milieu, which outwardly he never abandoned. By the age of fifteen he had already enrolled at the Royal Academy, where he remained for five years, also spending the last two years as a student in Krøyer's school for painters in Bredgade. Those two did not have much in common, but Hammershøi valued Krøyer the teacher, and Krøyer could not doubt his student's talent, which almost at once reached its full flowering. Even the very first picture he exhibited at the age of only 21 is a true Hammershøi.

This was the famous "Portrait of a Young Woman", which could be seen at the 1885 spring exhibition at Charlottenborg and later at the World's Fair in Paris in 1889, where the model's pose is said to have inspired no less than Auguste Renoir's "Baigneuse" of 1891 (although both men may have glanced at the same Rembrandt). However, the picture was not good enough to win the Neuhausen Prize for which it had been painted, and two years later, when the Charlottenborg exhibition committee rejected "Young Woman Sewing" this caused Hammershøi with Willumsen and Johan Rohde, among others, to break away and establish *Den Frie* (the Open Exhibition). When the rejected picture was shown there in 1891, Théodore Duret, the well-known French art critic, announced himself a prospective buyer. Rarely has one witnessed a more rapid break-through by a Danish painter. Abroad, that is.

That year Hammershøi married the beautiful Ida with the big eyes whom we know from so many of his pictures. The marriage remained childless, and perhaps Hammershøi did not want children, even though Bramsen says that he loved their company. In any case it is difficult to imagine that nervous, hypersensitive, and taciturn man as the centre of a rich, flourishing family life. We do not know how Ida thrived in the rarefied air he created around himself, but we get more than a hint of the price she paid when we compare the pictures of her in her youth with the harrowed face that appears in a later portrait of her with a coffee cup. The proud vessel of art sails forth with many a corpse in her hold; but they are seldom those of men.

In 1899 the couple settled in Lord Mayor Mikkel Vibe's old merchant's house at no. 30, Strandgade, in Christianshavn and for the next decade this remained Hammershøi's address of reality. Here he painted more than 60 of those interiors to which he owed his fame and from here he need take but a few steps to reach his other favourite subject, the building of the East Asiatic Company across the street at no. 25, to which he (after a brief interlude in Bredgade) was to move and where he spent the last years of his life.

Although his artistic field was thus confined to a narrowly encompassed area with but a few excursions to Christiansborg and Amalienborg Palaces – or, when he really stretched a point, to Kronborg Castle at Elsinore – he cannot in any way be labelled provincial. His broad orientation was in inverse proportion to his artistic concentration, which was, precisely on that account, intensified in the same way as is the pressure of a needle because it is applied to such a tiny area.

In the course of his brief life Hammershøi undertook no fewer than eleven journeys abroad, most of them of considerable duration, living for extended periods in England, France, and Italy. His interest in foreign lands was rewarded by a corresponding foreign interest in his painting, which was thought to be typically Danish, something we Danes may find harder to perceive. After Renoir and Duret, there were others, among them Serge Diaghilev, whose flair for modern art was expressed in the famous ballets with stage decorations by Braque, Matisse, and Picasso. As early as 1899 Diaghilev bought two pictures by Hammershøi and saw to it that he was comprehensively exhibited in St. Petersburg.

His real foreign break-through occurred five years later with an extensive show in Berlin that later was transferred to Hamburg. From this time onwards his best pictures were almost constantly travelling between the major cities of Europe and indeed also in the United States, where they were received with great praise by art critics everywhere. At the Rome Exhibition in 1911, comprising 3000 painters, Hammershøi was among those five who were awarded prizes and requested to send self-portraits to the Uffizi. When the beginning of World War I interrupted this development, he was well on his way to greater fame than any of his contemporaries.

But still not in Copenhagen. Just as he had not been found worthy of Charlottenborg or the Neuhausen Prize, so he became one of the striking sins of omission of the Royal Museum of Art, which in his lifetime bought only two of his pictures and, among other things, declined to purchase "Five Portraits", one of his most important works, which was subsequently sold abroad. In this manner his work became more widely dispersed than that of most painters, and thus, when we are allowed to see it for the first time in a major representative show today, 65 years after his death, it is an event not likely to be repeated in our time.

Perhaps Hammershøi himself was not entirely without blame for the chill in the local world, for it was indeed mutual. Alfred Bramsen speaks of his "almost phenomenal disregard of the public's esteem". He could scarcely be bothered to send pictures to the annual exhibitions or he left it to others to determine what should be sent. As the years went by, he, who was already a lonely man, isolated himself more and more, had no close friends, was reserved and chary of words with almost everybody, without richness or spontaneity. Music was among his pleasures. He was fond of concert-going, and he also liked to surround himself with beautiful things, which he could not always afford: books, furniture, and perhaps a Købke or Lundbye painting. He died when he was only 51 years old, on February 13, 1961, of cancer, which had undermined his last years. He left very little correspondence and no written memoirs at all. So, in spite of the self-portraits, it may be difficult to understand him as a person. We have the same relationship to him that he himself had to many of his models: we see him only with his back turned.

On the other hand we do have his paintings. His contemporaries said condescendingly that they looked like coloured photographs, but that is wrong, for indeed they have almost no colour at all! His basic chromatic scale ranges from black to white, and beyond that he only permits himself a touch of sepia, olive, brass yellow, and, in extreme cases, a hint of pale pink for his model's lips and nipples. Joakim Skovgaard, who had occasion to see his palette with its four clearly demarcated patches of colour, aptly said that it looked as if there were four oyster shells lying there. A mother-of-pearl-like sheen could appear in his colours – in its duller version a tin hue, a colour like oxidized silver – and, if on rare occasion, he abandoned this scale in preference for stronger colours, the formulation usually became monochromatic in this new colour, as in the pictures of the red room or the copper-green roof of the Riding Court of Christiansborg Palace.

Hammershøi knew that the least emphasis has the greatest impact. By means of this extremely controlled application of colour he managed to impart to it a special significance in the picture. The more seldom employed, the more valuable; the more sparingly used, the more indispensable. One example among many is the picture of a young man reading, where the faint golden tone of the curtain and the picture frame on the wall and the even fainter sienna in one of the paintings, the background for the black costume of the man, for the black desk, and for the white chair, lend to the picture a statement of colour in Baudelaire's sense, when he says that the masters of colour can create colour out of a black suit and a white tie against a grey background (quoted by Poul Vad).

In other words, Hammershøi's pictures have not been "hand-coloured". Although we can see from his unfinished pictures that he not only composed but also as long as possible continued to execute them in grey, the colour of the finished picture does not have the effect of having been something superimposed, something added in the end, but on the contrary as something always present and now on the point of disappearing or withdrawing from the picture. We barely perceive the dying flash of brass of the door handles of "Doors Open", the red curtain almost wholly drawn back in the picture of his mother.

What remains is the black and white basic tone that reminded his contemporaries of photography. Carl V. Petersen explains this by saying that in his everyday life, Hammershøi in his studies only had recourse to photographic reproductions of foreign art; but, in the first place, so did many others, without its causing their pictures to appear as black and white, and, in the second place, as mentioned before, Hammershøi was a diligent traveller who had early taken the opportunity to visit the greatest museums in Europe. Besides, one can ascertain by means of a rapid counter check that his pictures are not photographs nor akin to the hyperrealism of the present day: one need only see them photographed to be convinced that they are paintings!

But no; photography undoubtedly captivated him. We do know that he executed at least one of his masterpieces from a photograph, and one of his own fiancée, at that, even though we may otherwise assume that he had her readily to hand and life size –– if one may be forgiven such a heavy-handed expression when speaking of Hammershøi. He belonged to that generation for whom photography was as revolutionary an invention as television is for us, and here we must not forget that in his day and age the methods of developing and printing imparted to the black and white print a greater richness of nuance than we can usually achieve by ordinary methods today.

Quite early Hammershøi realized that this graphic rendering of reality contained a simplification and stylization which he might exploit because it did not exaggerate but on the contrary enhanced what interested this aesthetic fanatic above all else: the lines and the light.

Every photographer knows how much more light means for black and white pictures than for those horrible colour pictures taken by flash that seem bliss in our time. Hammershøi probably worked in roughly the same way with his black and white scale. Light is the principal subject in almost all his pictures, and that light is most often the meagre Danish winter light, the light of grey weather quite without colour, warmth, or gaiety, albeit so rich in nuance. It is not spattered on the canvas with zinc-white splashes placed for their effect, as with his contemporaries, not least Krøyer, his teacher and opposite. There is a light that pours in over the canvas and defines the model, whether that model is the nude woman or the – more beautiful – equestrian statue in the Amalienborg Palace square. The light is usually indirect, for of course Hammershøi also knows that indirect light is often the most beautiful, and there is rarely much of it. Indeed, it tends to disappear from the picture just as the colours do, for here as well the least emphasis has the greatest impact. This is a light that with the years grows fainter and fainter. He underlights wherever he can get away with it, and in the end there is not much more left than what emanates from a couple of candles. It is a light that can be extinguished at any time.

Hammershøi was born i 1864, the year Denmark

lost the war with Prussia, and he died in the middle of World War I. We find ourselves in a world on the point of disintegration, and the pictures we see are pictures of things about to disappear. Perhaps this is precisely why it is so urgent that we cling to them.

Which pictures? The very same asceticism that characterizes Hammershøi's mode of expression appears in the extremely limited range of subject matter. His paintings are purged of captivating anecdote. His interest lay in the play of line offered by the subject. He was given to painting the same picture over and over again almost without any change other than altered lighting, and his choice of subjects was limited, confined to a few subjects from nature or architecture, a slightly larger group of portraits, and a very considerable number of interiors – a distribution which in itself says a good deal about his strong urge towards withdrawing, ensconcing himself, and keeping the world at a distance.

The same recurs in the single subjects. Life is brought under control. In his landscapes we find not a human being, not an animal, not a flower. His architectural pictures – Kronborg Castle, Christiansborg, the East Asiatic Company – are severe, almost symmetrically structured constructions of houses uninhabitable for humans. Even his portraits (he did not accept commissions, and only painted people he knew personally) all look alike, because all of them are portraits of loneliness before they are portraits of individuals. In cases where several people are present at once – as in the famous masterpiece, "Five Portraits", one cannot discern the least mutual contact between the persons, and indeed even in the double portraits of the artist and his wife there are no signs of communication.

This strange mood of concentrated absence is most strongly expressed in the numerous interiors or "rooms" that were recognized as Hammershøi's hallmark already in his own time. He painted so many of them that it may now and then seem like manufacture, for these were the pictures for which people were willing to pay. Now and then we must make allowance for that. But that great number is also owing to the fact that here, in his own sparsely but tastefully furnished rooms, protected and afforded security behind his white-painted doors with the wide door frames with large panels and solid brass handles, undisturbed by the noise and the chaos of the world that surrounded him, he could freely study the silent encounter between light and lines that was so close to his heart.

Regardless of the mastery of some of these studies, we do believe that they require the presence of a mortal in order to become immortal. In paintings like "Five Portraits" mentioned earlier, or of the young man reading, or of the old woman by the window, or of the coin collector, or of the woman with her broom, Hammershøi achieved European stature for us. Once again: this did not come about because of the anecdotal or the particular, for that includes neither women sweeping nor coin collectors as if they held any special interest – even though we have recently in the most exalted place witnessed one whole exhibition arranged not according to the artistic ability of the painters but according to the "social" subject matter of the pictures!

What we experience here is something different. By entering these rooms it seems as if these people have been bought back for us from their perishable world. All the reality that merely wishes to do away with us, has in some way or other been overcome. When we look at these pictures we sense, as we do with Vermeer's pictures, that time has stopped, the world been brought to silence, and eternity has commenced – without our having died first.

Portrætfotografi af Vilhelm Hammershøi. Bredgade 25, ca. 1912. Tilhører Det kongelige Bibliotek

VILHELM HAMMERSHØI
Af Harald Olsen

Vilhelm Hammershøi var kun 20 år, da han malede »Portræt af en ung pige«, der da det udstilledes på Charlottenborg i 1885 blev betegnet som udstillingens mærkeligste billede[1]. Det forestiller søsteren Anna og var malet til den Neuhausenske præmie, men fik den ikke. Tre år senere refuserede Charlottenborg-udstillingen et andet portræt af søsteren »Ung pige, der syer« og det gav anledning til, at »Den frie Udstilling« stiftedes i 1891. Den sky og fredsommelige Hammershøi blev således allerede på et tidligt tidspunkt en kunstner mellem oprørere og også senere udfordrede hans hovedværker til diskussion og polemik.

Han fik tegneundervisning fra syv års-alderen og gik fra 1879 fem år på Akademiet, var de to sidste år samtidig elev på Krøyers skole. Hans tidligste arbejder er friske, umiddelbare naturstudier efter hoveder og landskaber, et helfigursportræt af broderen Svend og et meget smukt billede af en nøgen model. »Portræt af en ung pige« er betydelig mere kompliceret. »Modsætningen mellem den urolige Yderlinje af Figuren, der tvinger os til at følge Billedets Rythme fra neden opad, forbi det tilbagebøjede Hoved, nedad mod den stille Haand i Billedets Midte, medens Lyset dirigeres paa skraa igennem Rummet og strejfer begge Haandleddene, saa at Figuren befries af Baggrundens Tvang og synes at hælde forover – alligevel virker den saa simpelt ved sine maleriske Kontraster til Baggrunden – alt dette er mesterligt«[2]. Rembrandts »Bathseba« er nævnt som en inspirationskilde til stillingsmotivet i dette billede[3]. Hammershøis »Job« fra 1887 minder om »Job, der spottes af sin kone« af Georges de la Tour (1593–1652), men den danske kunstner kan umuligt have kendt dette arbejde af den franske maler, som han i øvrigt også i andre tilfælde bringer i erindring. »Job« lader sig nu kun vanskeligt bedøm-

me; maleriet er en ruin, men en fremragende tegning giver et begreb om dette hovedværks udtrykskraft. »Nøgen kvindelig model« fra 1889 er en tredje variation af stillingsmotivet fra de to foregående arbejder. »Hun vegeterer, fjern, ensom og drømmende, med de halvt tillukkede øjne og de vage, ubevidste hænder; men kroppen, torsoen, hvorom lyset samler sig, stråler køligt imod os med den blege hud og brysternes og bugens frodige, fyldige former. Baggrunden er som gjort af et perlemorsagtigt, tindrende lys, og karakteren af dette lys forstår man også gennem hudens blege farve som igen opfattes dels i forhold til en stump kridhvidt stof, dels i forhold til det sorte klæde som dækker stolen«[4]. Billedet betegner en kulmination i den udnyttelse af oliefarvens plastiske fylde, som karakteriserer arbejderne fra slutningen af 80'erne.

Det følgende år blev Hammershøi forlovet med Ida Ilsted, søster til maleren Peter Ilsted, og malede hendes portræt, ejendommeligt nok på basis af et fotografi[5]. Det er atter en variant af det kendte stillingsmotiv, men hun er nu placeret omtrent frontalt og ser ud mod beskueren. »Denne unge Pige sidder (næsten) lige paa Stolen. Ja hun sidder saaledes som en ung Pige vil gøre, naar hun har bevaret hele sin Naturlighed. Hendes Trøje har den snævre Façon, der endnu var Mode i den lille Kystby, hvorfra hun kom, medens man brugte vide Trøjer i Hovedstaden. Derfor lader hun den staa aaben, og det gør den netop malerisk, uden at hun ved det. Som hun sidder her, er Omridsene fint sammenholdte; Hænderne holdes i Ro af Trøjeærmernes smalle Haandjern, som atter forbindes med Halsrundingen ved Trøjens Linjer og ved den lange Række henholdsvis af Knaphuller paa den ene Side og Knapper paa den anden Side, der sluttelig gør det til et lille Under, at begge Øjne dog er ens«[6]. De blev gift 5. september 1891 og rejste samme dag til Paris. Det var Hammershøis fjerde udenlandsrejse og den gik over Holland og Belgien, hvor han allerede havde været i maj 1887, til den franske hovedstad, som han havde besøgt i sommeren 1889 i forbindelse med verdensudstillingen. De nygifte fandt sig en lejlighed i nærheden af Boulogneskoven og blev der et halvt års tid. Under opholdet i Paris malede Hammershøi efter et græsk relief på Louvre og desuden et dobbeltportræt af sig og hustruen. Han har på Louvre kunnet se et veneziansk dobbeltportræt, som for øvrigt Degas har kopieret, men hans egen version er nok mere beslægtet med et andet af Louvres italienske kunstværker, Uccellos frise med fem buster af grundlæggerne af florentinsk kunst. Efter hjemkomsten fuldendte Hammershøi sit første store Christiansborg-billede og malede det monumentale landskab fra Kongevejen ved Gentofte, men i september 1893 drog ægteparret atter udenlands. Denne gang over München til Italien: Verona, Venezia, Bologna til Firenze. I breve udtrykker Hammershøi stor begejstring for Fra Angelico, som får alt andet til at blegne, men især for Giotto: »Jeg troer nok, at han er den største«[7] og han planlagde at besøge Assisi for at se, hvad man opfattede som Giottos arbejder der. Denne afstikker blev dog opgivet, men han lagde hjemrejsen over Padova for at se Arena-kapellet.

Som påvist er det sikkert florentinske indtryk af Masolino og Masaccio[8], der har bestemt stilen i kunstnerens næste hovedværk, »Artemis«, udstillet på Den frie i 1894. Det fik en meget blandet modtagelse og et lige så blandet eftermæle[9]. Senere er det dog blevet betragtet med stor sympati og forståelse [10] og har fundet ordrige fortolkere[11]. Billedet var et af Danmarks bidrag til udstillingen »Les sources du XXe

siècle« i Paris 1960–61, hvor det var meget dårligt placeret og ikke vakte synderlig opmærksomhed[12]. »Det er da denne fundamentale erfaring om kærlighedens kosmiske kraft, om at blive til i mødet med den elskede, der er billedets udsagn«[13]. Dette billede vidner »om en høj Sjælsadel og en sjælden Kyskhed« udtrykt i et formsprog inspireret af den Ungrenæssance, der for de danske symbolister var idealet: »Hvor er dog disse fire nøgne Mennesker henrivende skønne, velgørende fjærnede fra Modellens simple Krop, de kues ikke af et elendigt Livs Svagheder og Kampe, frie færdes de i Ideernes rene Verden, uden Ord og næsten uden Bevægelse meddele de hinanden deres ophøjede tanker, Sjæl taler til Sjæl om Livets dybeste Mysterier, om den højeste Skønhed, den reneste Harmoni«[14]. Stilistisk er der resonanser herfra i »Tre unge kvinder« fra 1895. Midterfiguren, Ida Hammershøi, genkalder Artemis og er inspireret af Verrocchios kvindebuste i Firenze[15]. Derimod beskæftiger maleren sig i arkitekturbillederne »Amalienborg Plads« (1896) og navnlig »Kronborg, set fra Kommandantens Tårn« (1897) med nye rumlige og komplicerede billedkonstruktioner. De er ligesom »Christianborg« begge set oppefra. I det første med fokus på rytterstatuen, der samler lys og skygge i sin skulpturelle form. I det andet rejser Trompetertårnet sig højt og triumferende, spiret når helt op til billedets overkant, og accentuerer den tredimensionale struktur.

I juni 1897 var Hammershøi i Stockholm til nordisk kunstnermøde og i oktober rejste ægteparret påny til Holland, hvorfra de fortsatte til London. De holdt jul og nytår i København, men bortset fra denne afbrydelse varede opholdet i London til slutningen af maj. Hammershøi havde allerede tidligt demonstreret sin interesse for James McNeill Whistler[16] og han gjorde sig nu store anstrengelser for at træffe den berømte

Portrætfotografi af Ida og Vilhelm Hammershøi med ikke identificeret person. Ca. 1891.
Tilhører Gerda og Peter Olufsen

maler i London, men det lykkedes ikke. Han havde håbet at kunne vise ham det dobbeltportræt af sig og hustruen, som han fuldendte før hjemrejsen. Kombinationen af en frontal og en rygvendt halvfigur ved et bord kan Hammershøi have set hos Vermeer, men hans egen fortolkning af motivet er meget forskellig fra den hollandske mesters. Billedet er mørkt; det ejer en elementær rumlig spænding og fylde, den hvide dug kaster svage reflekser op over Ida Hammershøis buste og hånden med »samhørighedens magiske og glimtende tegn« på ringfingeren[17]. Dette dobbeltportræt indvarsler en ny monumental stil i Hammershøis kunst og den når sit højdepunkt i en række værker fra det nye århundredes første årti. »Fem portrætter« fra 1901 gav anledning til større postyr end noget andet af Hammershøis hovedværker, da det blev udstillet året efter. Det er med rette blevet kaldt for måske det stærkeste billede, der nogensinde er malet i dansk kunst[18]. Motivet er en videreførelse af dobbeltportrættet, men nu er fem personer samlet om bordet: Thorvald Bindesbøll, Svend Hammershøi, Karl Madsen, J. F. Willumsen og Carl Holsøe. Nadverbilleder, Rembrandts »Claudius Civilis« og hollandske gruppeportrætter er nævnt som forbilleder, men hos Hammershøi er der intet drama, ingen handling, dårligt

nok tale om samvær. Willumsen sidder frontalt bag bordet ligesom Ida Hammershøi på dobbeltportrættet, men han fikserer beskueren og det samme gør hans to sidemænd, Karl Madsen og Carl Holsøe. På en skitse er også Svend Hammershøi drejet mere frontalt og placeret midt i billedet, flankeret af de to brændende kerter. I den endelige version markerer de to lys i høje stager billedets midterakse og lyskilden, som motiverer hovedernes plastiske styrke, der er endnu mere evident i studierne til de enkelte portrætter, »prægtige Modeller, man ikke finder hvorsomhelst«. »Hovedfiguren: Willumsen, har alle de primært virkende Egenskaber: Frontalitet, Symmetri, stærke Lys og Skyggekontraster; hans Ansigt ser uimodstaaeligt paa os. Tilsammen med Holsøe og Svend Hammershøi begrænser han Bordets kubiske Form architektonisk; vi føler dets Dimensioner i alle Retninger, og vi tager ikke fejl af dets Bestemmelse, naar vi ser paa Lysene og Glassene. Men de to Sidefigurer viger noget ud ved Betragtningen. Vi skal ligesom forny Opmærksomheden for hver enkelt. Da sker det, medens vi klarer os denne Billedets Bygning og søger at fastholde de tre monumentale Figurers Plads og Væsen, at en fjerde Person, begavet med stærke maleriske Kvaliteter, glider ind i Synsfeltet ved en simpel Hældning af Kroppen. Samtidig vender en anden Person sig bort. Begge hører til Baggrundsplanet og gør dette levende i hele dets Bredde sammen med de fornævnte. For atter at gøre Forgrunden ligesaa virkningsfuld og skabe et nyt Interessecentrum i Billedet viser den store Holsøe os sine Støvlesaaler paa en meget malerisk Maade i Forhold til Borddugen; og det er da, som om Willumsen ser endnu hvassere paa os og som om Svend Hammershøi gumler paa Piben med Haanden knyttet som en Kartoffel i Lighed med hans eget Hoved«[19]. Det samme rum i boligen Strandgade 30 danner rammen om endnu et gruppebillede »Aften i stuen« fra 1904. Det blev imidlertid aldrig fuldendt, efter sigende på grund af Hammershøis skuffelse over, at hovedværket »Fem portrætter« ikke erhvervedes af Statens Museum for Kunst. Der kendes dels to kompositionsskitser, dels studier til de enkelte figurer. To af disse, Thorvald Bindesbøll og Svend Hammershøi, er de samme som på det foregående billede, de to andre Henry Madsen og Ida Hammershøi. Rummet er mere dominerende i denne komposition, navnlig i den største skitse, og lyskilden skjules af Bindesbølls imposante profil, placeret foran bordet. Han vender sig mod Svend Hammershøi, i delvis profil for bordenden, og kontakten mellem de to er mere snæver i den mindre kompositionsskitse, hvor Ida Hammershøi, en spøgelsesagtig skikkelse, er fremstillet stående umiddelbart bag svogeren. Da rummet samtidig er afkortet i bredden og lærredet har højdeformat, er der opnået en større koncentration og en rigere rytmik. Svend Hammershøi er atter fremstillet i »Møntsamleren« fra samme år, siddende i det rum, som broderen fire år tidligere gengav i et af sine mest berømte interiører, »Støvkornenes dans i solstrålerne«. Her er rummet helt nøgent og åbner sig mod lyset udefra, men i den senere version er det, omend sparsomt, møbleret og befolket af en enlig person, som i dyb koncentration ved lyset af de to brændende kerter undersøger en mønt.

Imellem de to interiører ligger kunstnerens ottende udenlandsrejse, hans anden til Italien, 1902–03, som førte ham til Rom, hvor ægteparret fandt en lejlighed med udsigt over Forum og Palatin. I februar 1903, inden hjemrejsen over Berlin, besøgte de Napoli, Salerno og Pæstum. I Rom malede Hammershøi sit mest fremragende interiør, fra Santo Stefano Rotondo. Det på en gang enkle og komplicerede kirkerum har fået en mesterlig skildring. Kransen af granitsøjler med joniske kapitæler bærer over bjælkelaget tamburens glatte murværk, hvor enkelte af de højtsiddende vinduer skimtes; i det lyse midterrum løfter de to slanke søjler stolt deres korintiske kapitæler højt over de andre og forneden holder de den ottekantede

alterskranke fastspændt mellem sig. En række af de hjemlige interiører og arkitekturbilleder fra disse år har en lignende storslået kraft og spændsthed. Det gælder »Fra Christiansborg Slot« (1902), set fra et lavere synspunkt end den en halv snes år ældre version. En del af ridebanernes runding er nu med og en repoussoir i forgrunden bidrager til at understrege det rige spil af linjer og mellem flader i lys og skygge. »Hvide døre« (1905) er et hovedværk blandt interiørerne: »Der ligger i disse rum med de aapentstaaende dører som alt levende har forlatt, og som blir staaende – kanske til huset styrter sammen! – en uløselig spænding, en rest av et utspillet menneskelig drama, som hænger igjen i væggene og i dørene. Det er slikt som er kunst. Det er slikt som er digtning i malerkunst.«[20].

Den intense stemning og latente mystik i disse stærkt oplevede motiver genfindes i »En bondegård. Refsnæs« (1900), hvor den perfekte harmoni i opbygningen kombineres med en besættende indre spænding. Den skyfri himmel optager billedets øvre halvdel og den tynde, hvide røgsøjle fra skorstenen – det eneste tegn på liv – understreger det diffuse himmelrum, mens bygningernes skygger markerer gårdspladsens plane flade. Den lave morgensol sniger sig ind over den, og reflekserne fra staldlængens usynlige gavl falder hen over stuehusets facade, får bindingsværket til at træde frem under den hvide kalk og spiller i ruderne. Facadens stramme rytme accentueres af den ene åbentstående dør, der korresponderer med en åben stalddør skrås overfor. Staldlængens dystre tyngde og fattigdom på detailler får stuehusets skarpe og spillende enkeltheder til at virke endnu mere magiske. Effekten af modlys som både konstruktivt og stemningsskabende element er også kernen i et af Hammershøis mesterligste landskaber »Fra Fortunen« (1901). Stammer og grene med det knapt antydede, diffuse løvværk tegner sig mod den letskyede himmels soldis som et kniplingsagtigt ornament. De lange skygger på skovbunden markerer terrænet og rummet, støttet af den fjerne trægruppe yderst t.h. Omkring den perspektiviske akse, hvor lyset bryder stærkere igennem, antyder træerne en portal. Hele billedfladen er gennemarbejdet og dens vibrerende liv understreges af kvadreringens underliggende rudemønster. Dette landskab er unikt i Hammershøis produktion, men han har malet andre skovpartier, således i 1896 »Store træer« og »Søndermarken ved Vintertid«; i 1904 »Træstammer. Frederiksværk«. I andre tilfælde kun enkelte træer; fra 1907 er det lyse og forfinede »Unge ege«. Det monumentale Gentofte-billede fra 1892 er allerede nævnt og i 1903 vender han tilbage til motivet med den rytmiske trærække i endnu mere storslået opfattelse som en taktfast bræmme mellem høj, skyet himmel og solglitrende vand i »Solregn« (Gentofte sø). Det åbne landskab med en kompakt træbevoksning i »Tirsdagsskoven« (1893) udvikles til det klassiske danske landskab »Fra Lejre« (1905).

Den skarptskårne form og stramme monumentalitet når naturligt nok et højdepunkt i arkitekturbillederne, hvor motivet i så høj grad svarer til intentionerne. Hammershøi vendte hyppigt tilbage til de samme sujetter for at genskabe dem under nye synsvinkler. Det gælder ikke mindst for de mest stabile blandt hans modeller, hans egne stuer og arkitekturen. Det er tilfældet med det gamle Christiansborg og Frederiksborg, senere tillige Asiatisk Compagnis bygninger på Christianshavn. Fra 1899–1909 boede han i Strandgade 30, hvor både stuerne og gården har givet ham talrige motiver. På den anden side af gaden ligger Asiatisk Compagnis to bygninger og i 1913 kunne han selv flytte ind der. Den mest forenklede version af partiet, set fra Skt. Annæ Gade, er det ufuldendte billede fra 1902. I den anden variant, i omfang kunstnerens største arkitekturbillede, er de to huse og porten skubbet længere tilbage og forgrunden optages af Skt. Annæ Gades udmunding i Strandgade. Den skibsmast og de rær, der her ses i baggrunden er på det første billede kun næsten usynligt til stede som en let antydet skitse. Fem år senere genoptoges motivet som et vinterbillede, der i enkelhed nærmer sig det første forsøg.

Ida og Vilhelm Hammershøi havde befundet sig godt i London under det lange ophold 1897–98 og de vendte hyppigt tilbage dertil i kunstnerens ti sidste leveår. Hammershøi havde fundet en jævnaldrende ven og beundrer i den engelske pianist Leonard Borwick, som han besøgte under sit ophold i London i september 1904. Ægteparret kom tilbage november året efter og blev til begyndelsen af 1906. Efteråret 1907 begav de sig til Italien, men en ubehagelig oplevelse i Firenze fik dem til at vende hurtigt hjem. De kom ikke mere syd for Alperne og først sommeren 1912 genså de London. De var der atter året efter, fra november til begyndelsen af 1913, en sidste gang i april samme år. I 1906 malede Hammershøi et par fine arkitekturbilleder ved British Museum. Hjemme i København udførte han året efter et smukt interiør fra Strandgade, »Musikstuen«, og de to gribende portrætter af hustruen. Disses indtrængende og ubønhørlige menneskeskildring, fornemmelsen af kulde og ensomhed, er endnu mere patetisk i det store »Kvindelig model« (1909–10). I modsætning til en anden fremstilling af den samme model virker realismen ikke så pågående, men får en mere fuldgyldig kunstnerisk formulering. Det skyldes dels den betydning interiøret har og det ufærdige, blot antydede i store dele af

billedet, men i lige så høj grad selve figuren, hvis torso er det mest gennemarbejdede parti, indsvøbt i sparsomt lys, mens det bøjede hoved ligger i skygge og ligesom hænder og fødder kun er skitseret. Hun er anbragt helt t.v., mellem et draperet bord og en stol, indrammet af dørkarmens lodrette linier, langs den venstre billedrand stramt markeret, t.h. fortabende sig i skitsemæssige antydninger. Det hvide stolesæde lige inden for døren er blot nogle kradsende penselstrøg, kvindetorsoen modelleret tæt og stofligt mens draperiet på bordet er malet i en groft pointillistisk teknik.

Sommeren 1911 tilbragte Hammershøis på »Spurveskjul«, Abildgaards gamle landsted ved Frederiksdal. Her malede Hammershøi et stort selvportræt. Det er i virkeligheden et dobbeltportræt: Ham selv t.v. og t.h. et koncentrat af det motiv, som han har gennemarbejdet med større mesterskab end nogen anden dansk kunstner, interiøret. Lyset, som han vender ryggen til, kommer ind i det nøgne værelse gennem den åbne dør, bag hvis glasruder vinduet tegner sig. Alle disse effekter er gengivet med kølig beherskelse og komplet ligevægt mellem de to billedhalvdele. Dette år betegner også kulminationen i hans anerkendelse. På en international udstilling i Rom var han blandt de udvalgte, der fik tildelt den store pengepræmie. Han blev derefter opfordret til at male sit portræt til Uffizzi'ernes berømte galleri af selvportrætter. Han var dog ikke selv tilfreds med resultatet og billedet kom først efter kunstnerens død til Firenze. Også i dette ser han over skulderen ud mod beskueren, iagttagende og igang med at male. Et selvportræt fra det følgende år er derimod en face, uden antydning af aktivitet; det overgås som tragisk selvbekendelse i dansk kunst kun af den jævnaldrende Niels Larsen Stevns' sene selvportrætter, også de malet af en dødsmærket mand. Hammershøi havde altid været nært knyttet til sin mor; hendes død dette år og krigsudbruddet samme efterår påvirkede ham stærkt og svækkede yderligere hans modstandskraft. Han malede dog endnu et selvportræt i 1914 og et par interessante forarbejder til et kvindeportræt, vel det samme, som han arbejdede på næste år. Han døde 13. februar 1916.

Den sidste store Hammershøi-udstilling fandt sted i Kunstforeningen i 1955, og mens Haavard Rostrup kunne indlede sin opsats fra 1940 med ordene »Er Vilhelm Hammershøi glemt?«, har de forløbne 25 år i høj grad bekræftet Hammershøis aktualitet og hans plads som en af de store skikkelser i dansk kunst. Poul Vads monografi udkom to år efter udstillingen, flere mindre studier er føjet til siden og på Statens Museum for Kunst kan man efter ombygningen vise en hel stor sal med en rig præsentation af kunstnerens oeuvre. Så er der endda ikke plads til permanent ophængning af hovedværket »Artemis«. Derimod er der forarbejder til det andet mesterværk »Fem portrætter« og til »Aften i stuen«. I øvrigt er alle faser og genrer repræsenteret: Modeller, landskaber, arkitekturbilleder, portrætter. Kun »stuerne« mangler. Dem kan man til gengæld finde udstillet i andre offentlige samlinger, Hirschsprung, Ordrupgaard, Göteborg, Stockholm og Oslo. Hans kunstneriske fysiognomi blev i lang tid og i vide kredse nærmest identificeret med dette ene tema. Da han på berømmelsens tinde blev spurgt om årsagen til, at han i så høj grad havde malet interiører, lød svaret: »Jeg ved saamænd ikke... det første, jeg malede, gjorde jeg under et Besøg hos Karl Madsen paa Albertines Lyst i Lyngby, hvor nu Holsøe bor. Det var i 88... Han havde gamle Stuer, der morede mig. Senere boede jeg i en Aarrække i Strandgade. Der var Dørene særlig morsomme, høje og hvide, og det hele passede for mig; og nu bor jeg her [d.v.s. i Bredgade] i lignende Omgivelser.«[21] Han var ingenlunde tidens eneste danske interiørma-

ler og forøvrigt var det en genre, der dyrkedes meget i andre europæiske lande[22]. Blandt Hammershøis interiører er der imidlertid virkelige mesterværker, både de helt tomme og nogle af dem med en enlig staffagefigur, som regel hans kone, men anonym og bortvendt. Rummet optræder her som det besjælede, der i sig selv tolker kunstnerens intentioner eller hvis udtrykskraft accentueres af møbler og den menneskelige figur. Forudsætningen for at give interiørerne denne funktion er en dyb fortrolighed med motiverne, som er selve de omgivelser, kunstneren lever i.

Intens iagttagelse og dyb indfølingsevne er også basis for portrætterne. Han har selv erklæret sin uvilje mod bestillingsportrætter og helst at ville male dem, han kender meget godt. Han har givet mesterlige skildringer af sine nærmeste, af kunstnervenner og af sig selv. De sidste bekræfter indtrykket af ham som »en ung mørk Mand med et klogt og skarpt Blik under en nervøs urolig Pande«[23]. Han var »bekendt for sin haardnakkede Tavshed«. Der er fremdraget en udta-

Vilhelm Hammershøi, hans mor Frederikke Hammershøi og hans kone Ida Hammershøi. Fotografi, ca. 1895?
Tilhører Det kongelige Bibliotek

lelse af *Rainer Maria Rilke,* som vil komme til København i 1904 »Vor allem aber, um Hammershøj zu besuchen, zu sehen, wiederzusehen, sprechen und schweigen zu hören«[24]. På Julius Paulsens »Aftenselskab i kunstnerens hjem« fra 1915 (Statens Museum for Kunst) ses den nu aldrende Hammershøi yderst t.v., lidt uden for kredsen, men iagttagende de øvrige tilstedeværende. Visse træk i hans væsen, det sky og reserverede, det iagttagende og lyttende er sikkert blevet yderligere bestyrkede af den tunghørhed, som var medfødt, men først konstateredes på Kunstakademiet i 1879[25]. Det forhindrede ham imidlertid ikke i at kunne høre og inderligt værdsætte musik[26]. Den etiske alvor, der karakteriserer hans kunst, lyser ud af det prægtige selvportræt fra 1890. Hans indstilling kan bringe Poussins stoicisme i erindring og selvportrættet fra 1914 har da også fået nogle til at tænke på den store franske malers eget portræt i Louvre[27].

Der er i tidens løb gjort en del ud af Vilhelm Hammershøis afhængighed af navnlig det 17. århundredes hollandske malerkunst. Hans interesse for gammel kunst kan der ikke være tvivl om og den har i høj grad virket inspirerende på ham. Hans kærlighed til danske guldaldermalerier og smukke ting, møbler og bøger er ligeså uomtvistelig og hører med i billedet af hans personlighed. Kunstnerens internationale anerkendelse har også været en kilde til spekulationer og det er påpeget, at det ikke var de store samtidige, han brillerede iblandt[28]. Set i en kunsthistorisk sammenhæng er han vel en dybt personlig kunstner, men ingenlunde af et format og temperament, der sprænger tidens og miljøets rammer og indleder en ny epoke. Hans bedste billeder demonstrerer imidlertid en stædig konsekvens og besidder en sådan udstråling, at det kan forklare den kendsgerning, at Hammershøi som en af de yderst få danske kunstnere stadig er i stand til at fængsle udlændinge.

NOTER

1) Karl Madsen i *Politiken,* 20.IV.1885

2) Vilhelm Wanscher i *Ord och Bild,* 1915, 403

3) Af Karl Madsen iflg. Carl V. Petersen i *Tilskueren,* 1916, 521. Heri behandles også muligheden af, at en »Baigneuse« af Renoir fra 1891 skulle gemme en erindring om Hammershøis portræt, der var udstillet i Paris 1889. Jvf. også Anna Hammershøis hånd med baronesse Bellellis på det berømte gruppeportræt af Degas (1858–60) og studien hertil, begge i Louvre. Om Degas og Hammershøi, se Haavard Rostrup i *Kunst og Kultur,* 1940, 182

4) Poul Vad, *Vilhelm Hammershøi,* 1957, 9

5) *ibid.,* 10, 11 (ill.)

6) Vilhelm Wanscher, *loc.cit.,* 406

7) Brev til moderen af 1.XI. 1893

8) Merete Bodelsen i *Kunst og Kultur,* 1959, 168 ss.

9) *ibid.,* 161 ss.

10) Som allerede Mogens Ballin i *Taarnet,* april-maj, 1894, 37 f.; Haavard Rostrup, *loc.cit.,* 181 f.; Poul Vad, *op.cit.* 12 ff.; Merete Bodelsen, *loc.cit.,* 171 ff.; Jan Zibrandtsen i *Berl. Tid.* 9. V. 64

11) Poul Vad, *op.cit.,* 12 ff.; Mogens Nykjær i *Enten Eller. Sophienholm 1980.* 71 ff.

12) Kat.nr. 218

13) Mogens Nykjær, *loc.cit.,* 74 & 76

14) Mogens Ballin, *loc.cit.,* 37 s.

15) Poul Vad, *op.cit.,* 15 peger på Rembrandts »Damen med nelliken« i Statens Museum for Kunst

16) Jvf. portræt af moderen fra 1886, *ibid.,* 6, 7 (ill.), 8

17) *ibid.,* 16. Hammershøi beskriver selv billedet i brev af 14.III.1898 til broderen Svend

18) Vilhelm Wanscher, *loc.cit.,* 407

19) *ibid.,* 408 ss.

20) Jens Thiis, *Samlede avhandlinger om nordisk kunst,* 1920, 144

21) Interview i *Politiken,* 21.XI.1911

22) I Paris har han kunnet se interiører, undertiden lidt beslægtede med hans egne, af f.eks. de jævnaldrende Etienne Tournès (1857–1931) og Maurice Lobre (1862–1951)

23) Oscar Matthiesen i *Politiken,* 1.XI.1893

24) Poul Vad i *Signum,* IV, 2, 1964, 24

25) A. Bramsen i Sophus Michaëlis & Alfred Bramsen, *Vilhelm Hammershøi,* 1918, 38

26) *ibid.,* 46 & Fini Henriques i *Politiken,* 14.II.1916

27) Carl V. Petersen, *loc.cit.,* 521. Haavard Rostrup, *loc.cit.,* 10, 14 har understreget det ufranske ved Hammershøis kunst, men fremhæver dog, at man i det fine portræt af Thora Bendix finder »ligesom et genskær af fransk esprit«. Det fremgår i øvrigt af et brev fra Hammershøi til Fritz Bendix af 11.XI.1897, at han ikke betragtede det som »noget egentligt Portræt af Deres Hustru, og regnede i det hele taget ikke det halvfærdige Arbejde for noget, det var min Mening at ødelægge det, naar jeg ikke mere havde Brug for det.«

28) Poul Vad, *op.cit.,* 25 s.; både her og Haavard Rostrup, *loc.cit.,* 10ss. placeres Hammershøi i den danske tradition. Sidstnævnte forf. betoner det germanske i Hammershøi og nævner portrætstilens slægtsskab med Leibl's. De stilsøgende tendenser finder man eksempler på overalt i tidens europæiske malerkunst. For Tysklands vedkommende er der i denne forbindelse især grund til at nævne Hans von Marées

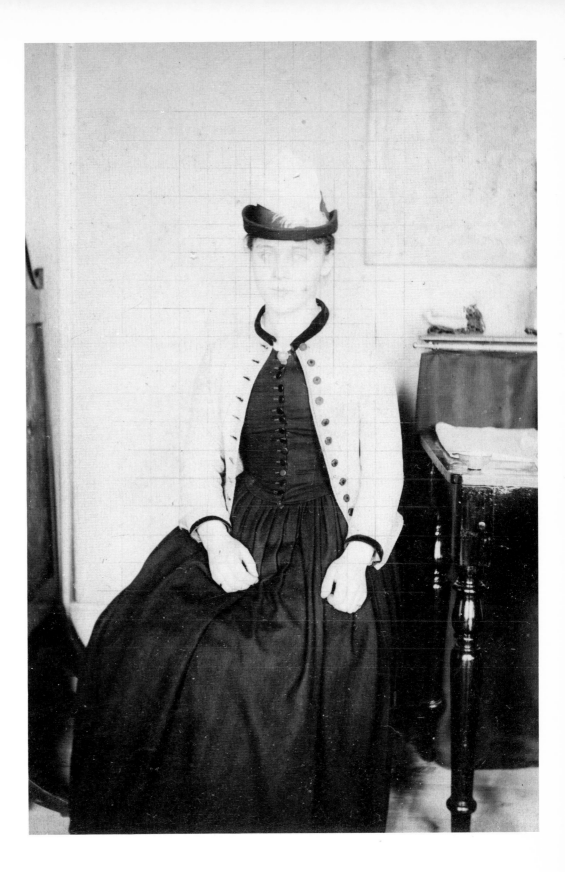

Ida Ilsted, senere kunstnerens hustru.
Fotografi, formentlig fra 1890. Tilhører Lene Jensen

VILHELM HAMMERSHØI
By Harald Olsen

Vilhelm Hammershøi was only twenty years old when he painted "Portrait of a Young Woman." When it was exhibited at Charlottenborg in 1885 it was called the strangest picture in that year's show.[1] It portrays Anna Hammershøi, his sister, and was painted for the Neuhausen Prize, which it failed to win. Three years later the Charlottenborg exhibition committee rejected "Young Woman Sewing", another portrait of Hammershøi's sister, and this led to the founding of the rival "Den frie Udstilling" (The Open Exhibition) in 1891. Thus already at an early age the shy and peaceful Hammershøi became an artist among rebels; indeed his major paintings were similarly to become the subject of debate and polemics.

When he was about seven years old he began to receive instruction in drawing. From 1879 until 1884 he was enrolled at the Royal Academy and from 1882 to 1884 he was also a student in P. S. Krøyer's art classes. His earliest works are fresh and extemporaneous studies from nature: the human head or landscapes, a full-length portrait of Svend Hammershøi, his brother, and a very beautiful half-length of a nude model. "Portrait of a Young Woman" is far more complex. Vilhelm Wanscher remarks about it:

> The contrast between the restless outer lines of the woman's figure itself compels us to pursue the pictorial rhythm upwards from the lower level, past the head, which is thrown back, down towards the calm hand in the centre of the picture, while the slanted light is directed across the room and lightly touches her wrists in such a manner that the figure is liberated from the confines of the background and seems to incline forward, while yet retaining such simplicity by virtue of the painterly contrasts to the background

— all of this is masterly.[2]

Rembrandt's "Bathsheba" has been mentioned as a source of inspiration for the pose in this composition.[3] Hammershøi's "Job" from 1887 is reminiscent of Georges de la Tours' "Job Mocked by His Wife", but although this and other pictures remind us of the French painter's work, Hammershøi cannot have been familiar with that particular painting. Today it is rather difficult to assess "Job", for the painting has been ruined; but a brilliant drawing gives us an idea of the expressive power of this important picture. "Nude Female Model" from 1889 offers yet a third version of this pose:

> The woman meditates, remote, lonely and dreaming, with half-closed eyes and those vague, unselfconscious hands; but her body, the torso around which the light is concentrated, shines coolly towards us with the pale skin and the voluptuous rich shapes of breasts and belly. The background seems as if made of mother-of-pearl-like sparkling light, and one also comprehends the character of that light by means of the pale-coloured skin, which in turn must be understood partly in its relation to a patch of chalk-white fabric and partly in its relation to the black upholstery on the chair.[4]

The picture represents the culmination in his use of the plastic volume of oils, which is characteristic of his work in the late '80s. The next year Hammershøi became engaged to Ida Ilsted, the sister of the artist Peter Ilsted, and painted her portrait, which oddly enough was executed from a photograph.[5] This is yet another version of the familiar composition, although the woman is seen almost frontally, looking towards the viewer.

This young woman is seated squarely (almost) on

the chair. Indeed she sits as would a young woman who has retained all her naturalness. Her bodice is tightly fitted as was still the fashion in the small coastal town whence she came and ignores the Copenhagen vogue for loose-fitting bodices. Accordingly she has left it open, which is precisely what makes it picturesque without her realizing it. As she sits there, the contours are beautifully contained; her hands are kept quiet by the tight manacle-like cuffs, which in their turn are connected to the neckline by the lines of the bodice and by the long line of buttonholes on one side and by the buttons on the other – all of which in the end makes it a minor miracle that both her eyes are identical.[6]

They were married on September 5, 1891, and left that day for Paris. This was Hammershøi's fourth journey abroad; they travelled via Holland and Belgium where he had been once before in May 1887 and on to the French capital, which he had visited during the summer of 1889 on the occasion of the World's Fair. The newly wedded couple found an apartment for themselves near the Bois de Boulogne and stayed there for about half a year. During their Paris residence Hammershøi painted a picture of a Greek relief in the Louvre and also a double portrait of himself and his wife. At the Louvre he might have seen a Venetian double portrait – also copied by Degas, by the way – but probably his own version is more closely related to another Italian work of art in the Louvre, Uccello's frieze with the five busts of the founders of Florentine art. After his return home Hammershøi completed his first large-scale picture of Christiansborg and painted his monumental landscape of Kongevejen near Gentofte. But already in September 1893 the couple went abroad once again;

this time via Munich to Italy: Verona, Venice, Bologna, Florence. In letters home he expresses his great admiration for Fra Angelico who makes everything else pale, but especially his preference for Giotto: "I do believe he is the greatest".[7] He also planned a visit to Assisi in order to see the works considered to be by Giotto, but this plan was abandoned and he returned home by way of Padua in order to see the Arena Chapel.

It has been demonstrated that his impressions of Masolino and Masaccio in Florence[8] probably determined the stylistic content of his next major painting, "Artemis", exhibited at Den Frie in 1894. It was given a mixed reception and subsequently an equally mixed reputation.[9] Still later, it has however, been considered with great sympathy and understanding[10] and been eloquently interpreted.[11] The picture was one of Denmark's contributions to "Les sources du XXe siècle", an exhibition held in Paris in 1960–61, where it was very badly hung and failed to attract any special attention.[12] Nykjær remarks that "this fundamental experience of the cosmic power of love, this coming into existence in the encounter with the beloved, is the statement of the picture".[13] It testifies to "a lofty nobility of soul and rare chasteness" expressed in an idiom that was inspired by the new renaissance that was the ideal for the Danish symbolists:

How ravishingly beautiful are not these four naked human beings; what a relief to see them liberated from the vulgar body of the model; undaunted by the infirmities and strife of modern life they move about freely in the pure world of ideas; wordlessly and almost without motion they communicate their exalted thoughts to each other; soul speaks to soul about the deepest mysteries of life, about the loftiest beauty, about the purest harmony.[14]

Stylistically there are resonances from this picture to "Three Young Women" from 1895. The central figure, of Ida Hammershøi, recalls Artemis and is inspired by Verrocchio's bust of a woman in Florence.[15] But in the architectural pictures, "Amalienborg Palace Square" (1896) and especially in "Kronborg Seen From the Tower of the Commanding Officer" (1897), the painter is preoccupied with new spatial and complicated pictorial compositions. Like "Christiansborg" both are seen from above. In the former the focus is on the equestrian statue that gathers light and shade in its own sculptural form, and in the latter the Trumpeter's Tower raises itself high and triumphantly, the spire reaching the upper edge of the canvas and accentuating the tri-dimensional character of the picture.

Hammershøi was in Stockholm in June of 1897 for a meeting of Scandinavian artists, and in October he and his wife went to Holland once again, and continued on to London. They celebrated Christmas and New Year in Copenhagen, but apart from this interruption, they continued their stay in London until the end of May. Very early Hammershøi had shown interest in James McNeill Whistler,[16] and he now made great but unsuccessful efforts to meet the famous painter in London. He had hoped to show him the double portrait of himself and his wife, which he had completed before returning to Denmark. Hammershøi may have seen the constellation of two half-figures at a table, one seen head on and the other with its back turned, in Vermeer, but his own interpretation of the subject is quite different from that of the Dutch master. The picture is dark. It possesses elementary spatial tension and volume. The white tablecloth casts vague reflections across Ida Hammershøi's bust and her hand "with the magical and shining token of mutual belonging" on her ring finger.[17] This double portrait inaugurates a new monumental style in Hammershøi's art, and it culminates in a series of important pictures from the first decade of the new century. When it was shown the following year (1901), "Five Portraits" caused more commotion than did any other of Hammershøi's major pictures. Wanscher justly called it probably the most forceful Danish picture ever painted.[18] The subject matter is an extension of the double portrait, but now there are five persons present around the table: Thorvald Bindesbøll, Svend Hammershøi, Karl Madsen, J. F. Willumsen, and Carl Holsøe. Paintings of the Last Supper, Rembrandt's Claudius Civilis, as well as Dutch group portraits have been mentioned as possible prototypes. But in Hammershøi there is no dramatic content, no plot, and barely a sense of companionship. Willumsen faces us directly from behind the table, just as Ida Hammershøi does in the double portrait, but he looks squarely at the viewer as do the two other men on either side of him, Karl Madsen and Carl Holsøe. In a study for the painting Svend Hammershøi is turned more directly towards the viewer and is placed in dead centre, flanked by two flaming candelabra. In the final version the two candles in those tall candlesticks serve as the frame for the central axis of the picture and also provide the light that is the basis for the plastic strength of the heads, which is even more evident in the studies for the individual portraits: "Splendid models not to be found just anywhere", writes Wanscher, and continues:

> Willumsen, the principal figure, possesses all the primarily effective characteristics: frontality, symmetry, strong contrasts of light and shade; irresistibly his face looks towards us. Architectonically, he, together with Hammershøi and Holsøe, delimits the cubical shape of the table for us. We sense its dimensions as multi-directional and are not deceived about the intention with it when we find ourselves looking towards the candles and the glasses. Still, when we contemplate the painting, the two men at his side recede somewhat. It seems as if we must refocus on each of them. Then it comes about that while we sort out this pictorial composition and seek to retain the placing and function of those three monumental figures, a fourth person, endowed with strong picturesque qualities, passes into our field of vision by means of a simple inclination of his body. At the same time yet another person is turning away. Both belong to the background plane and – with the figures previously discussed – animate it in its entire width. Then, in order to make the foregound as effective once again and to establish a new focus of interest in the picture, the large Carl Holsøe shows us the soles of his boots in a quite picturesque manner that is related to the tablecloth; then it seems as if Willumsen glares at us even more fiercely and as if Svend Hammershøi chews on his pipe in his clenched fist, potato-like and comparable with his own head.[19]

The same room in 30 Strandgade is also the setting for yet another group portrait, "Evening in the Room" from 1904. However, this picture was never finished, owing, it has been suggested, to Hammershøi's disappointment over the failure of the Royal Museum of Fine Arts to buy "Five Portraits", his masterpiece. We know of two sketches for the composition and two studies for the individual figures. Two of them, Thorvald Bindesbøll and Svend Hammershøi, are the same as in the preceding picture, and the other two are Henry Madsen and Ida Hammershøi. In this composition the space is more obtrusive, especially in the larger sketch, and the source of the light is concealed by Bindesbøll's imposing profile at the end of the table, and the contact between them is stronger than in the smaller sketch, in which Ida Hammershøi, a ghostlike figure, is presented as standing directly behind her brother-in-law. Since the space has at the same time been narrowed and the canvas is vertical in shape, greater concentration of focus and more abundant rhythm are achieved. Svend Hammershøi is once more painted in "The Coin Collector" from the same year, sitting in the room which his brother had rendered four years earlier in one of his most famous pictures, "Dust Motes Dancing in Sunlight". Here the room is utterly bare and opens up towards the outside light, while in the later version it is furnished, albeit sparingly, and populated by a single person who is examining a coin with deep concentration by the light of two burning candles.

In the interval between the painting of those two interiors the artist went abroad for the eighth time, his second trip to Italy, 1902–03, to Rome, where he and his wife found an apartment overlooking the Forum Romanum and the Palatine Hill. In February 1903, before returning home by way of Berlin, they visited Naples, Salerno, and Paestum. In Rome Hammershøi painted his most outstanding interior, of the Church of San Stefano Rotondo. The interior, at once both simple and complicated, is the subject of masterly rendition. The circle of granite columns with Ionic capitals supports the smooth masonry of the tambour above the rafters, where some of the high windows are glimpsed. In the light-filled middle section the two slender columns proudly raise their Corinthian capitals above the other columns and down below they secure the octagonal altar rail. A number of domestic interiors and architectural pictures from these years have similar grand force and resilience. This applies to "From Christiansborg Palace" (1902) seen from a lower point of view than that of the version of ten years before. A portion of the semi-circular end of the Riding Court has now been included and a ledge in the foreground helps to emphasize the complex play between the lines and planes of light and shadow. "White Doors" (1905) is a major picture among the interiors:

> In these rooms with the open doors, which have been abandoned by everything alive, where the doors will remain open – perhaps until the house collapses! – there remains an indissoluble tension, a vestige of a complete human drama that still hangs in the walls and the doors. That is the stuff of art. That is the stuff of poetry in painting.[20]

The intense mood and latent mysticism in these strongly experienced themes may be recognized also in "From a Farm. Refsnæs" (1900) where perfect harmony of composition is combined with consuming inner tension. The cloudless sky fills the upper half of the picture and the thin column of smoke from the chimney – the sole sign of life – underlines the diffuse sky while the shadows of the buildings frame the plane of the farmyard. The early morning sun slips across it, and the reflections from the invisible gable of the stable fall across the façade of the farmhouse, make the half-timbering emerge from the whitewash, and play in the window panes. The severe rhythm of the façade is accentuated by the open door which matches an open stable door across from it. The sombre weight of the stable and the poverty of detail make the sharply defined and shimmering details of the farmhouse seem even more magical. The effect of counterlight as an element both constructive and conducive to mood is also the core of one of Hammershøi's greatest landscapes, "Landscape. From Fortunen" (1901). The tree trunks and branches with the barely hinted at, far-flung foliage are outlined against the sunny haze of the lightly clouded sky like lacy ornament. The long shadows on the forest floor define the terrain and the space, supported by the distant grove on the far right. Around the perspectival axis where the light penetrates more strongly, the trees almost suggest a portal. The entire pictorial plane has been worked out and its vibrating life is emphasized by the chequerwork of the underlying diamond pattern. This landscape is unique in Hammershøi's production, but he has painted other wooded landscapes, as, for example, in 1896 "Large Trees" and "Winter Landscape. Søndermarken", and in 1907 "Tree Trunks. Frederiksværk". There are others of single trees. From 1907 we have the light and refined "Young Oaks". The monumental picture from Gentofte from 1892 has already been mentioned, and in 1903 he returns to that subject in "Sunshine and Shower, Lake Gentofte" with the rhythmical line of trees in yet another and grander conception, which serves as a firmly marching border to the high, clouded sky that is reflected in the shimmering water. The open landscape with a dense cluster of trees seen in "Tirsdagsskoven" (1893) is developed into the classical Danish landscape of "From Lejre" (1905).

The sharply defined and severe monumentality reaches a natural culmination in the architectural pictures in which the subject matter corresponds very precisely to the intentions. Hammershøi frequently

Vilhelm Hammershøi. Fotografi, ca. 1911. Tilhører Thorvaldsens Museum, deponeret i Den Hirschsprungske Samling

returned to the same subjects in order to reinterpret them from new angles. This is the case with the old Christiansborg Palace and Frederiksborg Castle, and later also with the houses of the East Asiatic Company at Christianshavn. From 1899 to 1909 he lived at 30 Strandgade where his rooms and the courtyard furnished him with countless motifs. Across the street are the two buildings of the East Asiatic company and in 1913 he was able to move there. The simplest version of this place, seen from Skt. Annægade, is the unfinished picture from 1902. In another version, in sheer size the artist's largest architectural picture, the two houses and the gateway are pushed farther back and the foreground is taken up by the end of Skt. Annægade at Strandgade. The mast and spars that in this version are seen in the background are only present almost invisibly as a lightly suggested sketch in the earlier picture. Five years later he chose the same motif once more in a winter picture, which in its simplicity is akin to the first attempt.

Ida and Vilhelm Hammershøi had liked London during their long stay in 1897–98 and they often returned during the artist's last ten years. Hammershøi had found a contemporary friend and admirer in the British pianist Leonard Borwick, whom he visited when he was in London in September 1904. Both husband and wife returned in November of the following year and remained there until the beginning of 1906. In the fall of 1907 they went to Italy, but an unpleasant experience in Florence made them return home quickly. They were never to go south of the Alps again, and it was not until the summer of 1912 that they revisited London. Then they were there once more from November until the beginning of 1913, and for the last time in April of the same year. In 1906 Hammershøi painted two excellent architectural pictures near the British Museum. The next year when he was at home in Copenhagen he executed a beautiful interior from Strandgade, "The Music Room", and the two poignant portraits of his wife. Their penetrating and merciless rendition of a human being, their sense of chill and loneliness, is found with even greater pathos in the large "Female Model" (1909–10). In contrast to another version of the same model, the realism here does not seem so insistent and is given more valid artistic expression. This is partly owing to the significance of the interior and to the unfinished, merely suggested in large areas of the picture, but in equal measure to the figure itself. The torso is the most finished section, veiled in faint light, while the bent head lies in shadow, and, like the hands and the feet, is merely sketched in. She is placed to the far left in the picture, between a cloth-covered table and a chair, flanked by the vertical lines of the doorframe, firmly drawn in along the leftmost edge of the picture and seeming to recede into sketchy suggestions on the right. The white seat of the chair just inside the door is made up of mere scratches of brushwork; the female torso has been closely, texturally modelled; and the fabric of the tablecloth has been painted in a coarse pointillist technique.

The Hammershøis spent the summer of 1911 at "Spurveskjul", Abildgaard's old country house near Frederiksdal. Here Hammershøi painted a large self-portrait. It is a double portrait, really. He himself is seen on the left and on the right is a distillation of the subject matter that he explored with greater mastery than any other Danish artist, the interior. He has his back to the light, which enters the bare room through the open door, and through the doorpanes one perceives the outline of the window. All these effects are reproduced with cool self-control and complete balance of the two pictorial halves. This year is also the year of his greatest recognition. At an international exhibition in Rome he was among those chosen to receive the large cash award. Accordingly he was urged to paint his self-portrait for the famous Uffizi gallery of self-portraits. But he was not satisfied with the final result, and it was not until after his death that the picture was sent to Florence. In this picture he is also seen looking over his shoulder at the viewer and in the process of painting. But a self-portrait from the following year is *en face* without the hint of any activity. In terms of tragic self-awareness it is in Danish art only exceeded by his contemporary Niels Larsen Stevns's late self-portraits, and they too are painted by a man marked for death. Hammershøi had always been closely tied to his mother. Her death and the outbreak that autumn of the Great War affected him deeply and further weakened his resistance. But he did paint one more self-portrait in 1914 and a couple of interesting studies for a female portrait, most likely the same he was working on the following year. He died on February 13, 1916.

The last major Hammershøi exhibition took place at Kunstforeningen in 1955. While Haavard Rostrup in 1940 could commence an essay by asking, "Has Vilhelm Hammershøi been forgotten?", the past twenty-five years have emphatically confirmed Hammershøi's current relevance and his position as one of the great figures of modern Danish art. Poul Vad's monograph appeared two years after the 1955 show; minor studies have been added since then; and the Royal Museum of Fine Arts can now – after the re-modelling – present an ample selection from the artist's *oeuvre* in a spacious gallery. And still there is insufficient space for the hanging of "Artemis", one of his major works. But there are studies there for another of his major works, "Five Portraits", and for "Evening in the Room". Besides these all the phases and genres are represented: the figure studies, the landscapes, the architectural pictures, the portraits. Only "the rooms" are missing. But on the other hand, those are found on exhibition elsewhere in other public collections: the Hirschsprung, Ordrupgaard, Gothenburg, Stockholm, and Oslo. For a long time his physiognomy as an artist was widely identified with only that particular theme. At the height of his fame he was asked why he had painted so many interiors, and the reply was:

> I don't really know... The first of those that I painted was done during a visit with Karl Madsen at "Albertine's Lyst" at Lyngby, where Holsøe is living these days. That was in '88... He had old-fashioned rooms that engaged me. Later I lived for some years at Strandgade. There the doors were especially interesting, and all of it suited me. And now I am living here [in Bredgade] in similar surroundings".[21]

Certainly he was not the only Danish artist then painting interiors, and at any rate it was a genre much practised in other European countries.[22] But among Hammershøi's interiors there are true masterpieces, both those completely empty and some of those with a solitary ornamental figure, his wife as a rule, but anonymous and with its back turned. Here it is the room itself that appears as if animated, which in and by itself interprets the artist's intentions and whose testimony is heightened by furniture and the human figure. The prerequisite for giving the interiors such a function is profound familiarity with the motifs that are the very surroundings in which the artist lives.

Intense observation and profound sympathy are also the basis for the portraits. He himself declared his dislike of commissioned portraits and preferred to paint people he knew very well. He has left brilliant descriptions of those closest to him, of his artist friends and of himself. They confirm the impression of him as "a dark young man with a wise and sharp glance below a nervous, troubled forehead".[23] He was "known for his stubborn silence".[24] In Julius Paulsen's "Evening Party at the Home of the Artist" from 1915 (in the Royal Museum of Fine Arts) the now ageing Hammershøi can be seen on the far left, a little outside the circle but observing the others present. Certain features in his character, the shy and the reserved, the observing and the listening, have probably been heightened because he was congenitally hard of hearing, although that was not discovered until 1879 at the Royal Academy.[25] But this did not prevent him from being able to listen to and fervently appreciate music.[26] The ethical seriousness that characterizes his art radiates from his splendid self-portrait from 1890. His attitude may remind one of Poussin's stoicism, and the self-portrait from 1914 has indeed reminded some of that great French painter's own portrait in the Louvre.[27]

In the course of time a great deal has been made of Vilhelm Hammershøi's dependence on Dutch art of the seventeenth century. There can be no doubt that he was interested in older art and that it constituted a great inspiration for him. His love of beautiful things, Danish paintings of the so-called "golden age" of the earlier nineteenth century, furniture, and books, is equally indisputable and belongs to the picture of his personality. The artist's international reputation has also been a source of speculation, and it has been pointed out that he did not excel among his great contemporaries.[28] Seen from an art historical perspective he may well be a deeply personal artist but not at all of the stature and temperament that break the limits of time and milieu and inaugurate a new epoch. However, his best pictures display an obstinate consistency and possess such a radiance that it explains the fact that Hammershøi is one of the extremely few Danish artists still able to captivate foreigners.

FOOTNOTES

1 Karl Madsen, in *Politiken,* May 20, 1885.

2 Vilhelm Wanscher, in *Ord och bild,* 1915, p. 403.

3 Cf. Carl V. Petersen, in *Tilskueren,* 1916, 521. According to Petersen, Karl Madsen discussed the possibility that Renoir's "Baigneuse" (1891) might retain a memory of Hammershøi's portrait, which was exhibited in Paris in 1889. Cf. also Haavard Rostrup, in *Kunst og Kultur,* 1940, 182. Rostrup deals with Degas and Hammershøi and urges a comparison of Ida Hammershøi's hand with that of the Baroness Belleli in Degas' famous group portrait (1858–60).

4 Poul Vad, *Vilhelm Hammershøi,* Copenhagen, 1957, p. 9.

5 Ibid., pp. 10–11 (illustration).

6 Wanscher, loc. cit., p. 406.

7 Letter to his mother, dated November 1, 1893.

8 Merete Bodelsen, in *Kunst og Kultur,* 1959, p. 168.

9 Ibid., p. 161.

10 Mogens Ballin, in *Taarnet,* April-May, 1894, p. 37 f. See also Rostrup, loc. cit., p. 181 f; Vad, op. cit., p. 12 ff; Bodelsen, loc. cit. p. 171 ff; Jan Zibrandtsen in *Berlingske Tidende,* May 9, 1964.

11 Vad, op. cit., p. 12 ff.; Mogens Nykjær in *Enten Eller* Sophienholm, 1980, p. 71 ff.

12 Catalogue no. 218.

13 Nykjær, loc. cit., p. 74 and p. 76.

14 Ballin, loc. cit., p. 37.

15 Vad points out Rembrandt's "Woman with Carnation" in the Royal Museum of Fine Arts, op. cit., p. 15.

16 See the portrait of his mother from 1886. ibid., p. 6,7 (ill.), 8.

17 Ibid., p. 16. Hammershøi discusses the picture in a letter to his brother Svend, dated March 14, 1898.

18 Wanscher, loc. cit., p. 407.

19 Ibid., p. 408.

20 Jens Thiis, *Samlede avhandlinger om nordisk kunst* 1920, p. 144.

21 Interview in *Politiken,* November 21, 1911.

22 In Paris he might have seen interiors sometimes a little akin to his own, such as those by the contemporary Etienne Tournès (1857–1931) and Maurice Lobre (1862–1951).

23 Oscar Matthiesen, in *Politiken,* November 1, 1893.

24 Poul Vad, in *Signum,* IV, 2, 1964, 24.

25 A. Bramsen in Sophus Michaëlis & Alfred Bramsen, *Vilhelm Hammershøi* 1918, p. 38.

26 Ibid., p. 46; also Fini Henriques, in *Politiken,* February 14, 1916.

27 Carl V. Petersen, loc. cit., p. 521. Haavard Rostrup, loc. cit., p. 10 and 14. Rostrup has emphasized non-French aspects of Hammershøi's art, but does maintain after all that the fine portrait of Thora Bendix finds something "that is like a reflection of the French spirit". Anyway, it appears from a letter by Hammershøi to Fritz Bendix dated November 11, 1897 that he did not consider the picture as "a real portrait of your wife, and I did not in any way consider the half-completed work anything. I intended to destroy it when I no longer needed it".

28 Vad, op. cit., p. 25. He as well as Haavard Rostrup, loc. cit., p. 10 place Hammershøi in the Danish tradition. The latter stresses the German features of Hammershøi's art and mentions the relationship of his portrait-style to that of Leibl. One can find examples everywhere in European painting of the period of the tendencies towards the search for permanence. Here there is reason especially to mention Hans von Marées.

MALERIER OG TEGNINGER

Parentes om datoen for kunstværkets tilblivelse angiver, at denne ikke fremgår direkte af kunstværket.

Katalog no. 1
Kunstnerens mormor, Elisabeth Dorothea Rentzmann. (Ca. 1880)

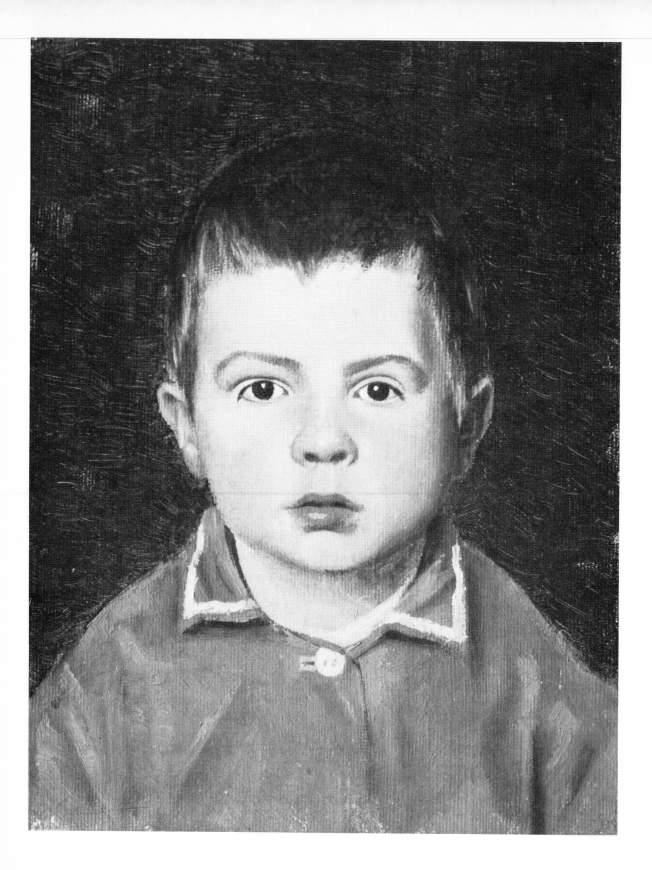

Katalog no. 3
Svend Hammershøi, kunstnerens bror. (1882)

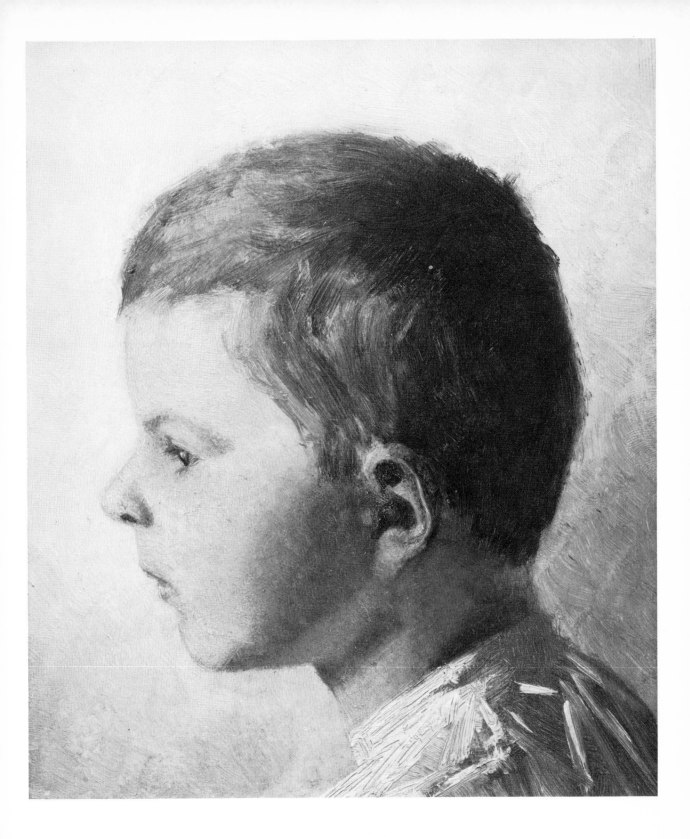

Katalog no. 2
Svend Hammershøi, kunstnerens bror. (1881)

Katalog no. 4
Landskab. Ermelunden. (1882)

39
Katalog no. 5
Landskab. Haraldskær ved Vejle. (Ca. 1882–83)

Katalog no. 7
Landskab. Bakkedrag. (1883)

Katalog no. 6
Gårdlænge. (1883)

Katalog no. 11
Ung pige, der hælder af kande. (1884)

Katalog no. 8
      Ved et skovbryn. (Ca. 1883–85)

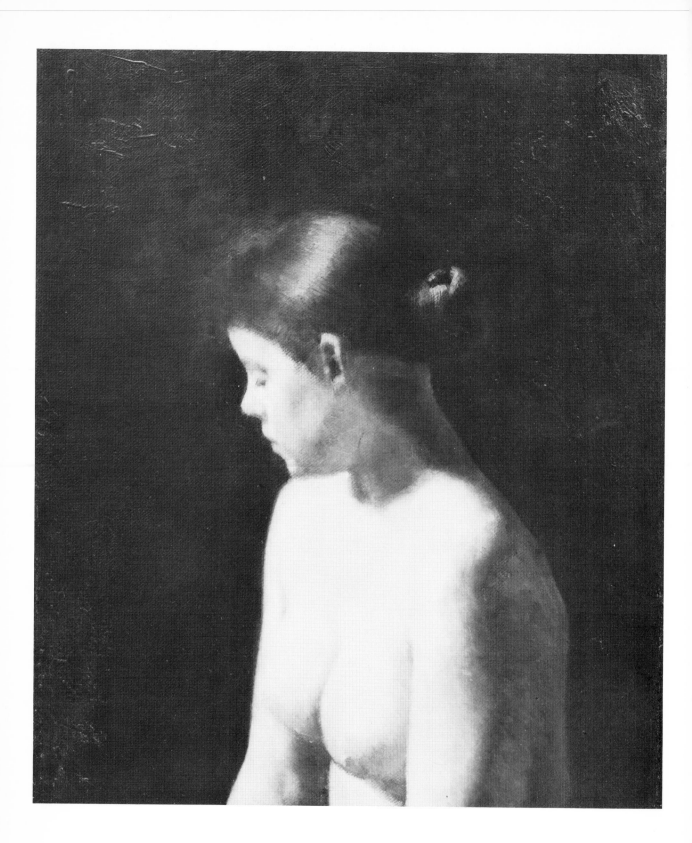

Katalog no. 10
Kvindelig model. (1884)

Katalog no. 9
Ung nøgen pige. Modelstudie. (1884)

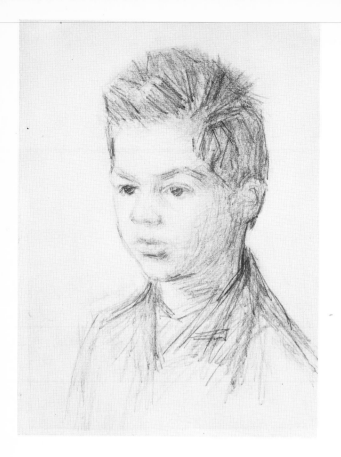

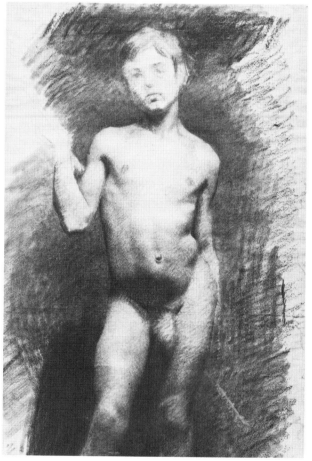

Katalog no. 14
Svend Hammershøi, kunstnerens bror. (Ca. 1885)

Katalog no. 12
Stående nøgen dreng. Modelstudie. (Ca. 1884–85)

46

Katalog no. 16
Landskab med gårdlænge. (1886)

Katalog no. 17
Gammel kone, siddende. (1886)

Katalog no. 13
Portræt af ung pige, kunstnerens søster Anna Hammershøi. (1885)

Katalog no. 15
Kunstnerens søster, Anna Hammershøi, læsende. 1886

Katalog no. 20
Gammel kone, siddende. (1887)

Katalog no. 18
Kvindelig model. (1886)

Katalog no. 22
Ung pige, der syr. (1887)

Katalog no. 25
En bagerbutik. (1888)

Katalog no. 19
Kunstnerens mor, Frederikke Amalie Hammershøi. (1886)

Katalog no. 21
Job. (1887)

Katalog no. 38
Græsk relief. (Paris 1891)

Katalog no. 30
Ida Ilsted, senere kunstnerens hustru. (1890)

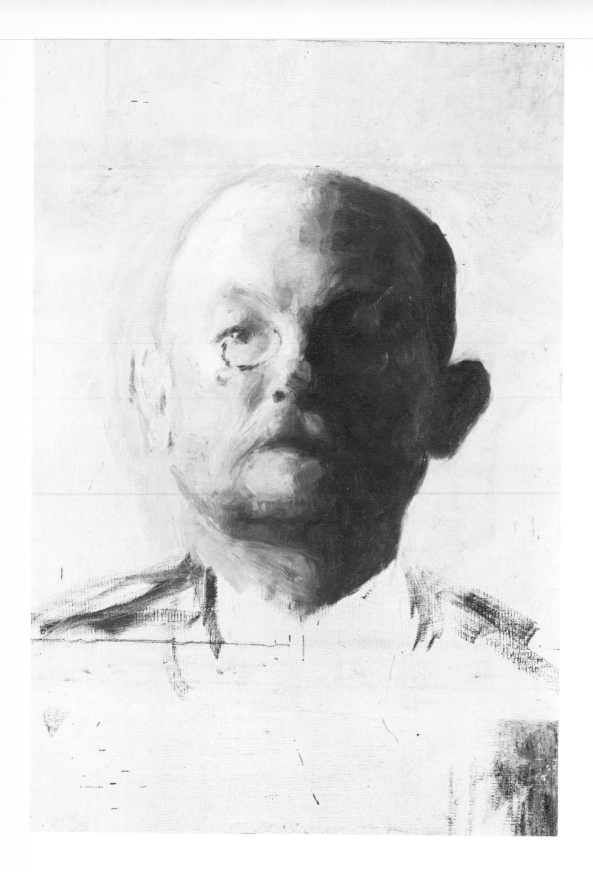

Katalog no. 27
Maleren Kristian Zahrtmann. (1889)

Katalog no. 31
Ida Ilsted, senere kunstnerens hustru. (1890)

Katalog no. 28
Maleren Kristian Zahrtmann. (1889)

Katalog no. 32
Ida Ilsted, senere kunstnerens hustru. (1890)

Katalog no. 26
Interiør med kunstnerens mor. (1889)

Katalog no. 49
Violoncelspilleren. (1894)

Katalog no. 33
Ida Ilsted, senere kunstnerens hustru. (1890)

Katalog no. 54
Søndermarken ved vintertid. (1895–96)

Katalog no. 34
Kunsthistorikeren Karl Madsen. (1890)

Katalog no. 24
Johanne Josefine Wulff. (Ca. 1887)

Katalog no. 23
Johanne Josefine Wulff. (Ca. 1887)

Katalog no. 29
Selvportræt. 1889

Katalog no. 36
Aften i dagligstuen. (1891)

Katalog no. 35
Ida Hammershøi med strikketøj. (1891)

Katalog no. 37
Selvportræt. (Paris 1891)

Katalog no. 40
*Dobbeltportræt af kunstneren
og hans hustru.* (Paris 1892)

Katalog no. 39
Selvportræt. (Ca. 1891)

Katalog no. 41
Maleren Svend Hammershøi, kunstnerens bror. (1892)

Katalog no. 42
Kongevejen ved Gentofte. (1892)

Katalog no. 43
»Tirsdagsskoven«. Frederiksborg. (1893)

Katalog no. 45
Tandlæge Alfred Bramsen. (1893)

Katalog no. 44
Det gamle Frederiksborg. (1893)

Katalog no. 47
Violoncelspilleren. (1893–94)

Katalog no. 48
Artemis. (1893–94)

Katalog no. 46
Stue i Louis XVI stil. (1894)

Katalog no. 50
Kunstnerens mor, Frederikke Amalie Hammershøi. (1894)

Katalog no. 53
Tre unge kvinder. (1895)

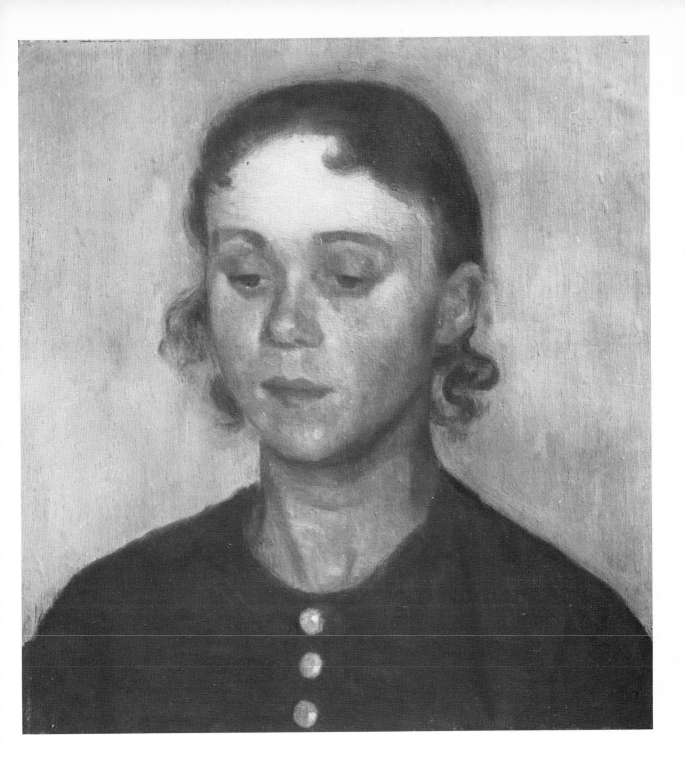

Katalog no. 51
Ida Hammershøi, kunstnerens hustru. (1894)

Katalog no. 52
Sovekammer med ung pige, der ser ud af vinduet. (1895)

Katalog no. 55
Portræt af ung pige, kunstnerens søster
Anna Hammershøi. (1896)

Katalog no. 56
Portræt af ung pige, kunstnerens søster Anna Hammershøi. 1896

Katalog no. 57
Sovekammer. (1896)

Katalog no. 59
Amalienborg Plads. (1896)

Katalog no. 60
Landskab. »Ryet« ved Farum Sø. (1896 eller 1897)

Katalog no. 61
Landskab. »Ryet« ved Farum Sø. (1896 eller 1897)

Katalog no. 63
Kronborg, set fra Kommandantens Tårn. (1897)

Katalog no. 64
Interiør med ung læsende mand. (1898)

Katalog no. 66
Dobbeltportræt af kunstneren og hans hustru. London 1898

90

Katalog no. 65
Kunstnerens hustru. (London 1898)

Katalog no. 67
Interiør med ung pige, der fejer. (1899)

Katalog no. 72
Interiør med sofa og lille bord. (Ca. 1900–1905)

Katalog no. 73
Daniel Jacobson Salter. (1901)

Katalog no. 74
Fra Fortunen. (1901)

Katalog no. 68
Landskab. Falster. (1899)

96

97 Katalog no. 83
Stue med udsigt mod Asiatisk Kompagnis bygninger. (1901)

Katalog no. 75
Fem portrætter. (1901)

Katalog no. 76
Fem portrætter. (1901)

Katalog no. 78
Maleren Svend Hammershøi, kunstnerens bror. (1901)

Katalog no. 80
Arkitekten Thorvald Bindesbøll. (1901)

Katalog no. 77
Maleren J. F. Willumsen. (1901)

Katalog no. 79
Maleren Carl Holsøe. (1901)

Katalog no. 81
Fem portrætter. (1901)

Katalog no. 82
Stue med klaver og sortklædt kvinde. (1901)

Katalog no. 87
Stue med udsigt til svalegang. (1903)

Katalog no. 85
Christiansborg Slot. (1902)

Katalog no. 89
»Solregn«. Gentofte Sø. (1903)

Katalog no. 94
Aften i stuen. (1904)

Katalog no. 95
Arkitekten Thorvald Bindesbøll. (1904)

Katalog no. 96
Aften i stuen. (1904)

Katalog no. 81
Udsnit af *Fem portrætter.* (1901)

Katalog no. 92
Læsende dame. (1903)

Katalog no. 58
Saly's statue af Frederik den Femte på Amalienborg Plads. (1896)

Katalog no. 62
Stue i Louis XVI stil. (1897)

Katalog no. 93
Interiør med ung kvinde set fra ryggen. (Ca. 1903–04)

Katalog no. 97
»Møntsamleren«. (1904)

Katalog no. 69
Bondegård. Refsnæs. (1900)

Katalog no. 70
Stue med kvinde siddende på hvid stol. (1900)

Katalog no. 98
Husgavle. Frederiksværk. (1904)

Katalog no. 99
Ung bøgeskov. Frederiksværk. (1904)

Katalog no. 86
Interiør fra S. Stefano Rotondo. (Rom 1902−3)

Katalog no. 71
»Støvkornenes dans i solstrålerne«. (1900)

Katalog no. 101
Stue med empiresofa. (1904)

Katalog no. 106
»Åbne døre«. (Hvide døre). (1905)

Katalog no. 84
Asiatisk Kompagnis bygninger. (1902)

Katalog no. 109
Tre skibe. Christianshavns Kanal. (1905)

Katalog no. 102
Stue med punchebolle af københavnsk porcelæn. (1904)

Katalog no. 103
Landskab. Studie. (1904?)

Katalog no. 104
Et hjørne af Mikkel Vibes Gård. (1905)

Katalog no. 108
Landskab. Lejre. (1905)

Katalog no. 111
Fra British Museum. (1905–06)

Katalog no. 110
Gade i London. (1905–06)

Katalog no. 114
Ungskov. Trørød. (1907)

Katalog no. 112
Stue. Solskinsstudie. (1906)

Katalog no. 113
Landskab. »Rønnealleen« ved Snekkersten. (1906)

138

Katalog no. 117
Indkørsel til Asiatisk Kompagni. (1907)

Katalog no. 115
Unge ege. 1907

Katalog no. 119
»Musikværelset«. (1907)

Katalog no. 120
Interiør med empiremøbler. (Ca. 1907)

Katalog no. 121
Grønlandske Handels Plads. (1908)

Katalog no. 88
»Solregn«. Gentofte Sø. (1903)

Katalog no. 122
Gammelt pakhus. Christianshavn. (1909)

Katalog no. 90
»*Solregn*«. Gentofte Sø. (1903)

147 Katalog no. 100
Træstammer. Frederiksværk. (1904)

Katalog no. 125
Interiør med kvinde ved klaver. (1910)

Katalog no. 124
Fra Nakkehoved Strand. (1910)

Katalog no. 107
Landskab. Lejre. (1905)

Katalog no. 105
»Hvile«. Kvinde set fra ryggen. (1905)

Katalog no. 126
Interiør med potteplante på spillebord. (Ca. 1910–11)

Katalog no. 129
Selvportræt. (1913)

Katalog no. 118
Interiør med punchebolle. (1907)

Katalog no. 116
Ida Hammershøi, kunstnerens hustru. (1907)

Katalog no. 128
Interiør med Windsorstol. (1913)

Katalog no. 130
»De fire stuer«. (1914)

Katalog no. 127
Dobbeltportræt af kunstneren og hans hustru, set i spejl. (1911)

Katalog no. 123
Kvindelig model. (1909–10)

Katalog no. 131
Selvportræt. (1914)

KATALOG

Ved katalogiseringen har man søgt at give de væsentligste henvisninger til litteratur og udstillingskataloger.

Parentes om datoen for kunstværkets tilblivelse angiver, at denne ikke fremgår direkte af kunstværket.

Materialet er olie på lærred, hvor intet andet angives.

Målene er opgivet i cm, højden først.

1 *Kunstnerens mormor,* Elisabeth Dorothea Rentzmann, født Krehmer (1805–82). (Ca. 1880)
Portrait of the artist's grandmother, Elisabeth Dorothea Rentzmann, née Krehmer
33,8×28,5 cm
Privateje

Proveniens: Billedet har altid været i familiens eje

2 *Svend Hammershøi* (1873–1948), kunstnerens bror. (1881)
Svend Hammershøi, the artist's brother
Svend Hammershøi blev maler ligesom broderen og arbejdede desuden som keramiker
15,1×13 cm
Den Hirschsprungske Samling, København

Proveniens: Kunstnerens søskende. Testamentarisk gave 1955 fra kunstnerens søster Anna Hammershøi til Den Hirschsprumgske Samling
Litteratur: Karl Madsen: V.H., Kunst, København 1899, upag. (p. 10), repr. (p. 3). Alfred Bramsen: V.H., København og Kristiania 1918, kat. no. 1 (Fortegnelse) over Den Hirschsprungske Samling, København 1977, no. 143 A
Udstillinger: V.H.s Arbejder, Kunstforeningen, København 1900, kat. no. 1. Arbejder af V.H., København 1916, 1. afd. kat. no. 1

3 *Svend Hammershøi* (1873–1948), kunstnerens bror. (1882)
Svend Hammershøi, the artist's brother
Se også katalog no. 2
18×14,5 cm
Privateje

Proveniens: Kunstnerens søskende. Arne Bruun Rasmussen, auktion 61, København 26. april ff. 1955 (Anna Hammershøi), kat. no. 184. Købt her til nuværende ejers samling
Litteratur: Alfred Bramsen: V.H., København 1918, kat. no. 2
Udstillinger: V.H.s Arbejder, Kunstforeningen, København 1900, kat. no. 2

4 *Landskab. Ermelunden.* (1882)
Landscape. Ermelunden
23×43 cm
Privateje

Proveniens: Vilhelm Hammershøis dødsboauktion, Charlottenborg, København 30. oktober 1916, kat. no. 2. Købt her af V. Winkel & Magnussen. Greve Ahlefeldt (Møllerup). Arne Bruun Rasmussen, auktion 272, København 7. dec. ff. 1971, kat. no. 90. Købt her af nuværende ejer
Litteratur: Alfred Bramsen: V.H., København og Kristiania 1918, kat. no. 5

5 *Landskab.* Haraldskær ved Vejle. (Ca. 1882–83)
Landscape. Haraldskær near Vejle
Kunstneren malede nogle af sine første landskabsstudier hos morbroderen, William Rentzmann, der ejede Haraldskær papirfabrik ved Vejle. Iflg. Svend Hammershøis påskrift – se nedenfor – skulle akvarellen være udført ca. 1880–82, men Bramsen (1918) daterer et par malede landskaber herfra til 1883. Det vides desuden fra breve, at kunstneren var i Jylland i 1882
Påskrift på bagklædning: Malet af Vilhelm Hammershøi / Haraldskjær ved Vejle. ca. 1880–82 / Svend Hammershøi
Akvarel. 7,7×16 cm
Privateje

Proveniens: Kunsthandler Chr. Larsen. Kunsthallen, auktion 219, København 27. febr. 1957 (Chr. Larsen I), kat. no. 225

6 *Gårdlænge.* (1883)
Farm building
34,5×38 cm
Privateje.

Proveniens: Vilhelm Hammershøis dødsboauktion, Charlottenborg, København 30. okt. 1916, kat. no. 14. Købt her af

grosserer Abrahamson. Johs. C. Bock. Winkel & Magnussen, auktion 380, København 19. maj 1953 (Johs. C. Bock), kat. no. 33. Købt her af nuværende ejer
Litteratur: Alfred Bramsen: V.H., København og Kristiania 1918, kat. no. 8. Poul Vad: V.H., København 1957,p. 6, pl.1
Udstillinger: Arbejder af V.H., Kunstforeningen, København 1916, 1. afd. kat. no. 9

7 *Landskab.* Bakkedrag. (1883)
Hilly landscape
Påskrift på bagsiden: Malt af Vilh. Hammershøi/Aukt 1915/N. 15/Karl M(adsen)
52,5×61 cm
Privateje

Proveniens: Vilhelm Hammershøis dødsboauktion, Charlottenborg, København 30. okt. 1916, kat. no. 15. Købt her af direktør Bergenholz
Litteratur: Alfred Bramsen: V.H., København og Kristiania 1918, kat. no. 9

8 *Ved et skovbryn.* (Ca. 1883 – 85)
At the edge of the forest
29×31 cm
Privateje

Proveniens: Johan Lønberg. Alice Lønberg. Arne Bruun Rasmussen, auktion 163, København 16. marts 1964 (Johan Lønberg), kat. no. 15. Købt her af nuværende ejer

9 *Ung nøgen pige.* Modelstudie. (1884)
Study of a young female nude
Tegnet efter samme model, som forekommer i maleri i privateje – se katalog no. 10 – og formentlig forarbejde hertil
Kul. 45,8×36,7 cm
Den Hirschsprungske Samling, København

Proveniens: Erhvervet af Heinrich Hirschsprung 1898
Litteratur: Alfred Bramsen: V.H.s Arbejder, Fortegnelse, København 1900, no. 5. Emil Hannover: Fortegnelse over Den Hirschsprungske Samling, København 1911, no. 716. Alfred Bramsen: V.H., København og Kristiania 1918, kat. no. 19. (Fortegnelse over) Den Hirschsprungske Samling, København 1977, no. 716
Udstillinger: Den Hirschsprungske Samling af danske Kunstneres Arbejder, Charlottenborg, København 1902, kat. no. 587

10 *Kvindelig model.* (1884)
Female nude
Malet på P. S. Krøyers skole. En tegning af samme model tilhører Den Hirschsprungske Samling – se katalog no. 9
43×36 cm
Privateje

Proveniens: Alfred Bramsen. Gustav Falck. Karen Falck. Overgået fra denne til nuværende ejer

Litteratur: Alfred Bramsen: V.H., København og Kristiania, 1918, kat. no. 18, repr. Haavard Rostrup: Om V.H.'s Kunst, Kunst og Kultur, Oslo 1940, p. 186, repr. p. 181. Else Kai Sass: V.H., Danmark, (København) 1946, p. 143

11 *Ung pige, der hælder af kande.* (1884)
Young woman with a pitcher
Formentlig forarbejde til interiør med kunstnerens søster og mor i privatsamling (Bramsen 1918, no. 23) eller i hvert fald udført i forbindelse dermed. Det samme gælder et andet billede af den unge pige, der hælder af kande (Bramsen no. 25)
51×42,8 cm
Gerda og Peter Olufsen, København

Proveniens: Ida Hammershøi. Kunsthandler Peter Magnussen. Overretssagfører Peter Olufsen. Arvet efter denne af nuværende ejere
Litteratur: Alfred Bramsen: V.H., København og Kristiania 1918, kat. no. 25
Udstillinger: Nyare dansk konst, Liljevalchs Konsthall, Stockholm 1919, kat. no. 413

12 *Stående nøgen dreng.* Modelstudie. (Ca. 1884–85)
Study of young male nude
Kul på papir. 43,8×30,5 cm
Den kongelige Kobberstiksamling, Statens Museum for Kunst, København. Inv. no. 1975–491

Proveniens: Arne Bruun Rasmussen, auktion 287, København 8. nov. ff. 1972, kat. no. 304a. Rolf Gjedsted. Arne Bruun Rasmussen, auktion 331, København 10. juni 1975, kat. no. 269. Købt her af Kobberstiksamlingen
Udstillinger: V.H., Prins Eugens Waldemarsudde, Stockholm 1976, kat. no. 46

13 *Portræt af ung pige.* Kunstnerens søster Anna Hammershøi (1866–1955). (1885)
Portrait of a young woman. The artist's sister, Anna Hammershøi
Malet for – men ikke tilkendt – den Neuhausenske Præmie. Det første billede, kunstneren udstillede (Charlottenborg 1885). Der findes to store tegninger efter maleriet, udført 1896, efter at dette var blevet solgt til Heinrich Hirschsprung, og i dag tilhørende henholdsvis Davids Samling og Malmö Museum – se katalog no. 55 og 56
Renoir skal på verdensudstillingen i Paris 1889 have hæftet sig ved dette billede og har antageligt brugt dets stillingsmotiv i et maleri *Badende kvinde* fra 1891 – med mindre de to malere begge har taget deres udgangspunkt i Rembrandts *Bathseba*
112,4×91,3 cm
Den Hirschsprungske Samling, København

Proveniens: Solgt 1896 af kunstneren til Heinrich Hirschsprung
Litteratur: Karl Madsen: V.H., Kunst, København 1899,

upag. (p. 5), repr. – en af tegningerne efter maleriet (p. 3). Alfred Bramsen: Weltkunst. Der dänische Maler Vilhelm Hammershøi, Zeitschrift für bildende Kunst, Leipzig 1905, p. 178, 180, repr. – en af tegningerne efter maleriet, upag. (p. 179). Emil Hannover: Fortegnelse over Den Hirschsprungske Samling, København 1911, no. 144, repr. Vilhelm Wanscher: V.H., Ord och Bild, Stockholm 1915, p. 402ff., repr. p. 401. Carl V. Petersen: Omkring Hammershøi-Udstillingen...., Tilskueren, Kjøbenhavn 1916, p. 524f., repr. p. 520. Alfred Bramsen: V.H., København og Kristiania 1918, p. 39, 42, 43, 61, 63, kat. no. 28, repr. Else Kai Sass: V.H., Danmark, (København) 1946, p. 137. Poul Vad: V.H., København 1957, p. 5, 7f., 16, pl. 3 og repr. på smudsomslaget. Knud Voss: Dansk Kunsthistorie 4, København 1974, p. 284, fig. 267. (Fortegnelse over) Den Hirschsprungske Samling, København 1977, no. 144
Udstillinger: Charlottenborg, København 1885, kat. no. 149. Den nordiske Udstilling, Kunstafdelingen, kat. no. 161. Høstudstillingen, Christiania (Oslo), 1887. Exposition Universelle, Paris 1889, kat. no. 46. Die Münchener Jahresausstellung, 1891. Kunstnernes Studieskoles udstilling, Charlottenborg, København 1896, kat. no. 88. V.H.s Arbejder, Kunstforeningen, København 1900, kat. no. 11. Den Hirschsprungske Samling af danske Kunstneres Arbejder, København 1902, kat. no. 112, repr. A Selection of Works by Danish Painters, Guildhall, London 1907, kat. no. 139. L'art danois, Musée du Jeu de Paume, Paris 1928, kat. no. 53. V.H., Theodor Philipsen, L. A. Ring, Sveriges Allmänna Konstförening, Stockholm 1930, kat. no. 1. V.H., Oslo Kunstforening, 1955, kat. no. 3. V.H., Kunstforeningen, København 1955, kat. no. 3

14 *Svend Hammershøi* (1873–1948), kunstnerens bror. (Ca. 1885)
Svend Hammershøi, the artist's brother
Blyant på papir. 28,3×22,4 cm
Den kongelige Kobberstiksamling, Statens Museum for Kunst, København. Inv. no. 21234

Proveniens: Svend Hammershøi. Anna Hammershøi. Arne Bruun Rasmussen, auktion 61, København 26. april ff. 1955 (Anna Hammershøi), kat. no. 196. Købt her af Kobberstiksamlingen
Litteratur: Alfred Bramsen: V.H., København og Kristiania 1918, kat. no. 17
Udstillinger: V.H., Prins Eugens Waldemarsudde, Stockholm 1976, kat. no. 47

15 *Kunstnerens søster,* Anna Hammershøi (1866–1955), læsende. 1886
Portrait of the artist's sister Anna Hammershøi
Studie til tegnet dobbeltportræt af Anna Hammershøi og anden ung pige, Ellen Willemoes (Bramsen 1918, no. 32)
Bet. på bagsiden: V. 1886.
Kul på papir. Ca. 24×ca. 19,6 cm
Den kongelige Kobberstiksamling, Statens Museum for Kunst, København. Inv. no. 17964

Proveniens: Svend Hammershøi. Testamentarisk gave 1948 fra denne ved Anna Hammershøi til Kobberstiksamlingen
Litteratur: Alfred Bramsen: V.H., København 1918, kat. no. 26 (under 1885)
Udstillinger: Arbejder af V.H., Kunstforeningen, København

1916, 1. afd. kat. no. 26. V.H., Kunstforeningen, København 1955, kat. no. 47. V.H., Prins Eugens Waldemarsudde, Stockholm 1976, kat. no. 48

16 *Landskab med gårdlænge.* (1886)
Landscape with a farm building
På bagsiden skitse i grisaille af fem kvindefigurer – udkast til *Artemis* (katalog no. 47)?
51,8×67 cm
Marie Louise Koch, København

Proveniens: Gave fra kunstneren til Karen Koch. Hans Henrik Koch. Peter Koch. Marie Louise Koch
Litteratur: Alfred Bramsen: V.H., København og Kristiania 1918, kat. no. 41. Poul Vad: V.H., København 1957, p. 6, pl. 4
Udstillinger: Arbejder af V.H., Kunstforeningen, København 1916, kat. no. 35. V.H., Kunstforeningen, København 1955, kat. no. 4. Dansk kunst 1885–1915, Kunstforeningen, København 1976, kat. no. 67

17 *Gammel kone,* siddende. (1886)
Old woman seated
Der findes en tegning efter maleriet, dateret 1887 – se katalog no. 20
70×57 cm
Den Hirschsprungske Samling, København

Proveniens: Købt på Charlottenborg-udstillingen 1886 af Kunstforeningen til bortlodning. Samme år videresolgt af den ny ejer til Heinrich Hirschsprung (iflg. kunstnerens mors notat i scrapbog)
Litteratur: Karl Madsen: V.H., Kunst, København 1899, upag. (p. 10), repr. (p. 4). Emil Hannover: Fortegnelse over Den Hirschsprungske Samling, København 1911, no. 146. Vilhelm Wanscher: V.H., Ord och Bild, Stockholm 1915, p. 404, repr. p. 403. Alfred Bramsen: V.H., København og Kristiania 1918, p. 39, kat. no. 42, repr. Fortegnelse over Oljemalerierne i Den Hirschsprungske Samling, København 1930, no. 146. Else Kai Sass: V.H., Danmark, (København) 1946, p. 138. (Fortegnelse over) Den Hirschsprungske Samling, København 1977, no. 146.
Udstillinger: Charlottenborg 1886 (ikke i katalog). Exposition Universelle, Paris 1889, kat. no. 45. V.H.s Arbejder, Kunstforeningen, København 1900, kat. no. 13. Den Hirschsprungske Samling af danske Kunstneres Arbejder, Charlottenborg, København 1902, kat. no. 114. V.H., Prins Eugens Waldemarsudde, Stockholm 1976, kat. no. 3

18 *Kvindelig model.* (1886)
Female nude
Udført på P. S. Krøyers skole
66,5×36,3 cm
Privateje

Proveniens: Alfred Bramsen. Direktør Smith (Hafnia Bryggerier). Gustav Falck. C. Kattrup Lassen. Ellen Kattrup Lassen. Overgået fra denne til nuværende ejer
Litteratur: Alfred Bramsen: V.H., København og Kristiania 1918, kat. no. 45. Haavard Rostrup: Om V.H.s Kunst, Kunst og Kultur, Oslo 1940, p. 186
Udstillinger: Nyare dansk konst, Liljevalchs Konsthall, Stockholm 1919, kat. no. 412. Mit bedste Kunstværk, Statens Museum for Kunst, København 1941, kat. no. 71

19 *Kunstnerens mor,* Frederikke Amalie Hammershøi, født Rentzmann (1838–1914). (1886)
Portrait of the artist's mother, Frederikke Amalie Hammershøi, née Rentzmann
Der kendes to forarbejder til dette portræt, et i fuld figur, men med en lidt anden baggrund (Bramsen 1918, no. 47, repr.) og et brystbillede (Bramsen no. 48). Billedet er inspireret af James Mc Neill Whistlers berømte portræt af sin mor, malet 1872, som Hammershøi formentlig har kendt fra Henri Guérards stik, gengivet i Gazette des Beaux-Arts 1883 II, p. 7
34,5×37,5 cm
Privateje

Proveniens: Kunstnerens søskende. Arne Bruun Rasmussen, auktion 61, København 26. april ff. 1955 (Anna Hammershøi), kat. no. 181, repr. Købt her til nuværende ejers samling
Litteratur: Alfred Bramsen: V.H., København og Kristiania 1918, kat. no. 46, repr. Poul Vad: V.H., København 1957, p. 8, pl. 6. Knud Voss: Dansk Kunsthistorie 4, København 1974, p. 284 f., fig. 268
Udstillinger: Charlottenborg, København 1886, kat. no. 136. V.H.s Arbejder, Kunstforeningen, København 1900, kat. no. 12. Arbejder af V.H., Kunstforeningen, København 1916, 1. afd. kat. no. 31

20 *Gammel kone,* siddende. (1887)
Old woman seated
Tegnet efter maleri i Den Hirschsprungske Samling – se katalog no. 17. Iflg. oplysning fra nuværende ejer er modellen hendes oldemor, Julie Georgine Jensen, født Vilhelmi, Merlegaarden, Helsingør
Kul på papir. 24,5×20 cm
Privateje

Proveniens: Kunstforeningen. V. Winkel & Magnussen, auktion 142, København 19. okt. ff. 1933, (Kunstforeningens samling af Tegninger og Akvareller), kat. no. 256, repr. Arne Bruun Rasmussen, auktion 154, København 28. maj 1963 (Theodor Jensen og hustru), kat. no. 8. Købt her af nuværende ejer
Litteratur: Alfred Bramsen: V.H., København og Kristiania 1918, kat. no. 49
Udstillinger: V.H., Kunstforeningen, København 1955, kat. no. 49

21 *Job.* (1887)
Forarbejde til stort, totalt ødelagt billede (fuldført 1888) i Den Hirschsprungske Samling (Bramsen 1918, no. 54), gave fra Anna Hammershøis dødsbo. Der kendes desuden to malede studier hertil (Bramsen 1918, no. 55 og 57), hvoraf det ene skal være bortkommet
Kul på karton. 47×27 cm
Arne Bruun Rasmussen, København

Proveniens: Karl Madsen. V. Winkel & Magnussen, auktion 237, København 29. sept. ff. 1938 (Karl Madsen), kat. no. 110. Købt her af Arne Bruun Rasmussen
Litteratur: Karl Madsen: V.H., Kunst, København 1899,

upag. (p. 12 f.), repr. (p. 5). Vilhelm Wanscher: V.H., Ord och Bild, Stockholm 1915, p. 404 ff., repr. p. 404. Alfred Bramsen: V.H., København og Kristiania 1918, kat. no. 56, repr. Else Kai Sass: V.H., Danmark, (København) 1946, p. 142. Poul Vad: V.H., København 1957, p. 8, pl. 7
Udstillinger: V.H.s Arbejder, Kunstforeningen 1900, kat. no. 17. Raadhusudstillingen af dansk Kunst til 1890, København 1901, kat. no. 553A. Arbejder af V.H., Kunstforeningen, København 1916, 1. afd. kat. no. 44. L'art danois, Musée du Jeu de Paume, Paris 1928, kat. no. 241. Det danske Kunststævne, Forum, København 1929, no. 766A (ikke i katalog). V.H., Kunstforeningen, København 1955, kat. no. 48. V.H., Prins Eugens Waldemarsudde, Stockholm 1976, kat. no. 51, repr.

22 *Ung pige, der syr.* Kunstnerens søster Anna Hammershøi. (1887)
Young woman sewing. The artist's sister Anna Hammershøi
Billedet blev kasseret af Charlottenborg-udstillingen. På verdensudstillingen i Paris 1889 opnåede kunstneren broncemedalje for dette og tre andre arbejder – *En bagerbutik* (katalog no. 25), *Gammel kone* (katalog no. 17) og *Job* (se under kat. no. 21)
37×35 cm
Ordrupgaardsamlingen, København

Proveniens: Købt 1888 af Alfred Bramsen. Solgt 1904 med en stor del af dennes samling til V. Winkel & Magnussen, (iflg. kunstnerens mors notat i scrapbog). Solgt 1904 af V. Winkel & Magnussen til Wilhelm Hansen
Litteratur: Karl Madsen: V.H., Kunst, København 1899, upag. (p. 5, 10), repr. (p. 5). Alfred Bramsen: Weltkunst. Der dänische Maler Vilhelm Hammershøi, Zeitschrift für bildende Kunst, Leipzig 1905, p. 181. Alfred Bramsen: V.H., København og Kristiania 1918, p. 39, 43, 61, 63, kat. no. 58, repr. Else Kai Sass: V.H., Danmark, (København) 1946, p. 138. Leo Swane: Katalog over kunstværkerne på Ordrupgård, København 1954, no. 125, repr. Catalogue of the works of art in the Ordrupgaard Collection, København 1966, no. 125. Fortegnelse over kunstværkerne paa Ordrupgaard, København 1973, no. 125
Udstillinger: Udstilling af arbejder kasserede af Charlottenborgudstillingen, København 1888. Exposition Universelle, Paris 1889, kat. no. 46. Die Münchener Jahresausstellung, 1891. St. Petersborg 1897. En samling af moderne dansk Kunst (Alfred Bramsens samling), Kunstforeningen, København 1890, kat. no. 45, repr. Kunstnernes Studieskoles udstilling, Charlottenborg, København 1896, kat. no. 90. V.H.s Arbejder, Kunstforeningen, København 1900, kat. no. 19. Grosse Berliner Kunst-Ausstellung, 1900. Raadhusudstillingen af dansk Kunst til 1890, København 1901, kat. no. 553. En Samling Malerier og Studier forhen tilhørende Dr. Alfred Bramsen, V. Winkel & Magnussen, København 1904, kat. no. 20, repr. V.H., Eduard Schulte, Berlin 1905, kat. no. 13 (udstillingen fortsatte til Köln og Hamburg). A Selection of Works by Danish Painters, Guildhall, London 1907, kat. no. 125. Arbejder af V.H., Kunstforeningen 1916, 1. afd. kat. no. 45. Etatsrådet Wilhelm Hansens Samling av dansk Målarkonst, Nationalmuseum, Stockholm 1918, kat. no. 97, repr. L'art danois, Musée du Jeu de Paume, Paris 1928, kat. no. 55, repr. Det danske Kunststævne, Forum, København 1929, kat. no. 120

23 *Johanne Josefine Wulff* (1868–1955), gift 1892 med Vilhelm Hannes Finsen. (Ca. 1887)
Johanne Josefine Wulff, 1892 married to Vilhelm Hannes Finsen
Sortkridt. Ca. 24,5×ca. 25,3 cm
Privateje

Proveniens: Johanne Josefine Finsen, født Wulff. Valgard Finsen

24 *Johanne Josefine Wulff* (1868–1955), gift 1892 med Vilhelm Hannes Finsen. (Ca. 1887)
Johanne Josefine Wulff, 1892 married to Vilhelm Hannes Finsen
Bet. f.n.t.v.: Vilh Hammershøi
Brunt og sort kridt. 22,7×18,5 cm
Privateje

Proveniens: Johanne Josefine Finsen, født Wulff. Valgard Finsen

25 *En bagerbutik.* (1888)
A baker's shop
Et forarbejde til dette billede tilhører Statens Museum for Kunst (Bramsen 1918, no. 63). Der kendes yderligere to forarbejder hertil (Bramsen no. 61 og 62)
113,5×90 cm
Vejen Museum, Vejen. Inv. no. 692

Proveniens: Solgt 1890 af kunstneren til Alfred Bramsen (iflg. kunstnerens mors notat i scrapbog). Gustav Falck. Karen Falck. Arne Bruun Rasmussen, auktion 267, København 28. sept. 1971 (Karen Falck o.a.), kat. no. 6, repr. Købt her af Ny Carlsbergfondet, som samme år skænkede det til Vejen Museum
Litteratur: Alfred Bramsen: V.H., København og Kristiania 1918, kat. no. 60. Poul Vad: V.H., København 1957, p. 8, pl. 5
Udstillinger: Exposition Universelle, Paris 1889, kat. no. 44. Den frie Udstilling, København 1891, kat. no. 10. V.H.s Arbejder, Kunstforeningen, København 1900, kat. no. 27. Arbejder af V.H., Kunstforeningen, København 1916, 1. afd. kat. no. 54. Nyare dansk konst, Liljevalchs Konsthall, Stockholm 1919, kat. no. 415. Danish National Exhibition, Brooklyn Museum, New York 1927, kat. no. 41. L'art danois, Musée du Jeu de Paume, Paris 1928, kat. no. 58. V.H., Oslo Kunstforening 1955, kat. no. 5. V.H., Kunstforeningen, København 1955, kat. no. 5. V.H., Prins Eugens Waldemarsudde, Stockholm 1976, kat. no. 4

26 *Interiør med kunstnerens mor.* (1889)
Interior with the artist's mother
Et forarbejde hertil blev solgt på Anna Hammershøis dødsboauktion (Arne Bruun Rasmussen, auktion 61, 26. april ff. 1955, kat. no. 191)
55×61 cm
Nationalmuseum, Stockholm. Inv. no. NM 1789

Proveniens: Alfred Bramsen. Solgt 1914 af denne til Nationalmuseum

Litteratur: Karl Madsen: V.H., Kunst, København 1899, repr. upag. (p. 6). Alfred Bramsen: Weltkunst. Der dänische Maler Vilhelm Hammershøi, Zeitschrift für bildende Kunst, Leipzig 1905, repr. i farve på særskilt planche. Alfred Bramsen: V.H., København og Kristiania 1918, p. 42, 43, 63, 68, kat. no. 72. Nationalmusei Målningssamling, Nordiska konstnärers arbeten, Beskrivande katalog, Stockholm 1942, no. 1789, repr. Else Kai Sass: V.H., Danmark, (København) 1946, p. 137 f.
Udstillinger: Charlottenborg, København 1889 (ikke i katalog). En Samling af moderne dansk Kunst (Alfred Bramsens samling), Kunstforeningen, København 1890, kat. no. 49. Kunstnernes Studieskoles udstilling, Charlottenborg, København 1896, kat. no. 101. V.H., Eduard Schulte, Berlin 1905, kat. no. 5 (udstillingen fortsatte til Köln og Hamburg). V.H., E. J. van Wisselingh & Co., London 1907, kat. no. 6. Esposizione internazionale di Roma, 1911, kat. no. 40. Baltiska Utställningen, Malmö 1914, kat. no. 2345. V.H., Prins Eugens Waldemarsudde, Stockholm 1957 (intet katalog). Det besjälade rummet, Malmö Museum, 1975, kat. no. 2, repr. V.H., Prins Eugens Waldemarsudde, Stockholm 1976, kat. no. 5, repr.

27 *Maleren Kristian Zahrtmann* (1843–1917). (1889)
Portrait of the painter Kristian Zahrtmann
Forarbejde til maleri, tilhørende Statens Museum for Kunst – se katalog no. 28. Angående datering se samme no.
45,3×32,3 cm
Den Hirschsprungske Samling, København

Proveniens: Svend Hammershøi. Anna Hammershøi. Arne Bruun Rasmussen, auktion 61, København 26. april ff. 1955 (Anna Hammershøi), kat. no. 185. Købt her til Den Hirschsprungske Samling, gave fra Hjalmar Bruhn og hustru
Litteratur: Alfred Bramsen: V.H., København og Kristiania 1918, kat. no. 80. Poul Vad: V.H., København 1957, p. 9, pl. 10. (Fortegnelse over) Den Hirschsprungske Samling, København 1977, no. 146B
Udstillinger: Arbejder af V.H., Kunstforeningen, København 1916, 1. afd. kat. no. 76

28 *Maleren Kristian Zahrtmann* (1843–1917). (1889)
Portrait of the painter Kristian Zahrtmann
Et forarbejde hertil tilhører Den Hirschsprungske Samling – se katalog no. 27. Billedet har hidtil været dateret 1890, men er iflg. kunstnerens mors notat i scrapbog malet i slutningen af 1889 og købt af Alfred Bramsen. Da forarbejdet indtil 1955 har tilhørt kunstnerens søskende, må der være tale om det færdige billede. Begge portrætter må derfor dateres 1889
48,5×34,5 cm
Statens Museum for Kunst, København. Inv. no. 3662

Proveniens: Solgt 1889 af kunstneren til Alfred Bramsen. Den norske maler Bengt Grønvold. Solgt 1924 af dennes enke til Statens Museum for Kunst
Litteratur: Alfred Bramsen: V.H., København og Kristiania 1918, kat. no. 79, repr. Poul Vad: V.H., København 1957, p. 9, pl. 11. Nyere dansk malerkunst, Katalog, Statens Museum for Kunst, København 1970, no. 3662
Udstillinger: En samling af moderne Kunst (Alfred Bramsens

samling), Kunstforeningen, København 1890, kat. no. 50. Den frie Udstilling, København 1891, kat. no. 11. Kunstnernes Studieskoles udstilling, Charlottenborg, København 1896, kat. no. 83 og 93 (fejlagtigt gentaget). V.H.s Arbejder, Kunstforeningen, København 1900, kat. no. 34. Grosse Berliner Kunst-Ausstellung, 1900. Malerier og Studier forhen tilhørende Dr. Alfred Bramsen, V. Winkel & Magnussen, København 1904, kat. no. 23. V.H., Oslo Kunstforening, 1955, kat. no. 8. V.H., Kunstforeningen, København 1955, kat. no. 8

29 *Selvportræt*. 1889
Self-portrait
Bet. (egenhændigt) på seddel på blændrammen: Selvportræt malt 1889 V. Hammers(høi)
52,5×39,5 cm
Statens Museum for Kunst, København. Inv. no. 6692

Proveniens: Solgt 1890 af kunstneren til Alfred Bramsen (iflg. kunstnerens mors notat i scrapbog). Gustav Falck. Karen Falck. Arne Bruun Rasmussen, auktion 267, København 28. sept. ff. 1971 (Karen Falck o.a.), kat. no. 7, repr. Købt her af Statens Museum for Kunst
Litteratur: Karl Madsen: V.H., Kunst, København 1899, repr. upag. (p. 7). Alfred Bramsen: Weltkunst. Der dänische Maler Vilhelm Hammershøi, Zeitschrift für bildende Kunst, Leipzig 1905, repr. upag. (p. 176). Alfred Bramsen: V.H., København og Kristiania 1918, p. 38, kat. no. 81, repr. Haavard Rostrup: Om V.H.'s Kunst, Kunst og Kultur, Oslo 1940, p. 189 f., repr. p. 178. Else Kai Sass: V.H., Danmark, (København) 1946, p. 140, repr. p. 138. Poul Vad: V.H., København 1957, p. 9, pl. 8. Knud Voss: Dansk Kunsthistorie 4, København 1974, p. 286, fig. 266
Udstillinger: Die Münchener Jahresausstellung, 1892. Kunstnernes Studieskoles udstilling, Charlottenborg, København 1896, kat. no. 94. V.H.s Arbejder, Kunstforeningen, København 1900, kat. no. 37. Raadhusudstillingen af dansk Kunst til 1890, København 1901, kat. no. 555. V.H., Eduard Schulte, Berlin 1905, kat. no. 8 (udstillingen fortsatte til Köln og Hamburg). Baltiska Utställningen, Malmö 1914, kat. no. 2346. Arbejder af V.H., Kunstforeningen, København 1916, 1. afd. no. 74. L'art danois, Musée du Jeu de Paume, Paris 1928, kat. no. 60. V.H., Oslo Kunstforening, 1955, kat. no. 9, repr. V.H., Kunstforeningen, København 1955, kat. no. 9, repr. V.H., Prins Eugens Waldemarsudde, Stockholm 1957 (intet katalog)

30 *Ida Ilsted*, senere kunstnerens hustru (1869–1949). (1890)
Portrait of Ida Ilsted, later the artist's wife
Forarbejde til maleri i privateje – se katalog no. 32. Angående to andre forarbejder og diverse oplysninger se samme no.
46,7×36,2 cm
Privateje

Proveniens: Ida Ilsteds mor. Peter Ilsted. Overretssagfører Peter Olufsen. Overgået fra denne til nuværende ejer
Litteratur: Alfred Bramsen: V.H.s Arbejder, Fortegnelse, København 1900, no. 39. Alfred Bramsen: V.H., København og Kristiania 1918, kat. no. 88. Se i øvrigt under katalog no. 32

Udstillinger: Arbejder af V.H., Kunstforeningen, København 1916, 1. afd. kat. no. 70

31 *Ida Ilsted*, senere kunstnerens hustru (1869–1949). (1890)
Portrait of Ida Ilsted, later the artist's wife
Forarbejde til maleri i privateje – se katalog no. 32. Angående to andre forarbejder og diverse oplysninger se samme no.
125,7×99,2 cm
Gerda og Peter Olufsen, København

Proveniens: Ida Hammershøi. Peter Ilsted. V. Winkel & Magnussen, auktion 269, København 8. nov. 1940 (Peter Ilsted o.a.), kat. no. 1, repr. Kunsthandler Ellen Redøhl. Købt her af overretssagfører Peter Olufsen. Arvet efter denne af nuværende ejere
Litteratur: Alfred Bramsen, København og Kristiania 1918, kat. no. 87. Se i øvrigt under katalog no. 32
Udstillinger: V.H., Kunstforeningen, København 1916, 1. afd. kat. no. 71

32 *Ida Ilsted*, senere kunstnerens hustru (1869–1949). (1890)
Portrait of Ida Ilsted, later the artist's wife
Ida Ilsted, datter af købmand Jens Peter Ilsted, Stubbekøbing, og søster til maleren Peter Ilsted, blev forlovet med Hammershøi 8. juni 1890 og gift med ham 5. september 1891. Portrættet blev malet kort efter forlovelsen. Der findes tre forarbejder hertil: et knæbillede – se katalog no. 31 – og to brystbilleder, hvoraf det ene blev skænket til Statens Museum for Kunst af kunstneren (Bramsen 1918, no. 86) og det andet, der har tilhørt Peter Ilsted, befinder sig i privateje – se katalog no. 30. Selv om portrættet er malet med udgangspunkt i et fotografi, forsynet med kvadrering til formålet – se katalog side 25 – fristes man til at tro, at det mindste af forarbejderne (katalog no. 30) på grund af sin indtagende umiddelbarhed i karakteristik og malemåde er udført direkte efter modellen. Som i mange andre tilfælde udførte Hammershøi en stor tegning efter sit maleri, i dag tilhørende Nationalmuseum i Stockholm – se katalog no. 33
Renoir, der tidligere skal have hæftet sig ved Hammershøis *Portræt af ung pige* (katalog no. 13), fattede stor interesse for portrættet, da det var udstillet på verdensudstillingen i Paris 1900, hvad den franske kritiker, Théodore Duret gjorde udførligt rede for i et brev til Karl Madsen. Duret blev selv stærkt optaget af Hammershøis kunst, da han i sommeren 1890 opholdt sig i København for at orientere sig i den yngste danske kunst. Han besøgte (13. juli) kunstnerens hjem for at se hans tidligere produktion og udtalte sig højst smigrende om hans kunst (kunstnerens mors notat i scrapbog)
106,5×86 cm
Privateje

Proveniens: Alfred Bramsen. Gustav Falck. Karen BFalck. Overgået fra denne til nuværende ejer
Litteratur: Karl Madsen: V.H., Kunst, København 1899, upag. (p. 6), repr. (p. 6). Alfred Bramsen: Weltkunst. Der dänische Maler Vilhelm Hammershøi, Zeitschrift für bildende Kunst, Leipzig 1905, repr. p. 181. Vilhelm Wanscher: V.H., Ord och Bild, Stockholm 1915, p. 406, repr. p. 405. Carl V. Petersen: Omkring Hammershøi-Udstillingen..., Tilskueren, Kjøbenhavn 1916, p. 523 f., repr. p. 519. Alfred Bramsen: V.H., København og Kristiania 1918, p. 45, 68, kat. no. 85, repr. Haavard Rostrup: Om V.H.s, Kunst, Kunst og Kultur, Oslo 1940, p. 190, 192, repr. p. 180. Else Kai Sass: V.H., Danmark, (København) 1946, p. 141, repr. p. 139. Poul Vad: V.H., København 1957, p. 9 f., pl. 15, 46 (fotografi af modellen repr. p. 11). Knud Voss: Dansk Kunsthistorie 4, København 1974, p. 285 ff., fig. 271
Udstillinger: Den frie Udstilling, København 1891, kat. no. 9. Exposition Universelle, Paris 1900, kat. no. 26? V.H.s Arbejder, Kunstforeningen, København 1900, kat. no. 38. V.H., Eduard Schulte, Berlin 1905, kat. no. 9 (udstillingen fortsatte til Köln og Hamburg). Esposizione internazionale di Roma, 1911, kat. no. 39. Baltiska Utställningen, Malmö 1914, kat. no. 2347. Arbejder af V.H., Kunstforeningen, København 1916, 1. afd. kat. no. 72. Nyare dansk konst, Liljevalchs Konsthall, Stockholm 1919, kat. no. 421, repr. L'art danois, Musée du Jeu de Paume, Paris 1928, kat. no. 61. Esposizione Biennale, Venezia 1932, kat. no. 3, repr. Vor tids kunst i privateje, København 1953, kat. no. 74. V.H., Oslo Kunstforening, 1955, kat. no. 11, repr. V.H., Kunstforeningen, København 1955, kat. no. 11, repr.

33 *Ida Ilsted,* senere kunstnerens hustru (1869–1949). (1890)
Portrait of Ida Ilsted, later the artist's wife
Tegnet efter portrættet, katalog no. 32
Kul og akvarel på papir. 52×42 cm
Nationalmuseum, Stockholm. Inv. no. NMB 1268

Proveniens: Alfred Bramsen. Gave 1933 fra Wilhelm Hansen (Ordrupgaard) til Nationalmuseum i anledning af daværende kronprins Gustaf Adolfs 50 års dag
Litteratur: Alfred Bramsen: V.H., København 1918, kat. no. 89. Nationalmusei Målningssamling, Beskrivande katalog, Stockholm 1942, kat. no. B 1268. Se i øvrigt under katalog no. 32
Udstillinger: V.H., Eduard Schulte, Berlin 1905, kat. no. 10 (udstillingen fortsatte til Köln og Hamburg). Arbejder af V.H., Kunstforeningen, København 1916, 1. afd. kat. no. 73. V.H., Prins Eugens Waldemarsudde, Stockholm 1957 (intet katalog)

34 *Kunsthistorikeren Karl Madsen* (1855–1938), senere direktør for Statens Museum for Kunst. (1890)
Portrait of Karl Madsen, art historian and later Director of the Royal Museum of Fine Arts, Copenhagen
Foarbejde til maleri i Skagens Museum (Bramsen 1918, no. 97, repr.)
39×28,5 cm
Statens Museum for Kunst, København. Inv. no. 4207

Proveniens: Karl Madsen. Solgt 1938 af Karl Madsens arvinger til Statens Museum for Kunst
Litteratur: Alfred Bramsen: V.H., København og Kristiania 1918, kat. no. 98. Nyere dansk malerkunst, Katalog, Statens

Museum for Kunst, København 1970, no. 4207
Udstillinger: Arbejder af V.H., Kunstforeningen, København 1916, 1. afd. kat. no. 63

35 *Ida Hammershøi med strikketøj.* (1891)
Portrait of Ida Hammershøi with her knitting
Studie til maleriet, *Aften i stuen,* tilhørende Statens Museum for Kunst (Bramsen 1918, no. 101). Der kendes en anden studietegning hertil – se katalog no. 36
Sortkridt på papir. 41,5×44,2 cm
Privateje

Proveniens: Alfred Bramsen. Gustav Falck. Karen Falck. Overgået fra denne til nuværende ejer
Litteratur: Alfred Bramsen: V.H., København og Kristiania 1918, p. 45, kat. no. 102, repr. p. 45
Udstillinger: V.H.s Arbejder, Kunstforeningen, København 1900, kat. no. 44. Arbejder af V.H., Kunstforeningen 1916, kat. no. 87. V.H., Kunstforeningen, København 1955, kat. no. 50

36 *Aften i dagligstuen.* (1891)
Evening in the drawing room
Studie til maleri med samme titel, tilhørende Statens Museum for Kunst (Bramsen 1918, no. 101). Der findes en anden studietegning hertil – se katalog no. 35. De to kvinder er kunstnerens kone og mor
Sort, rødt og hvidt kridt på papir. 55,5×43,5 cm
Davids Samling, København. Inv. no. B 314

Proveniens: Svend Hammershøi. Anna Hammershøi. Arne Bruun Rasmussen, auktion 61, København 26. april ff. 1955 (Anna Hammershøi), kat. no. 195. Købt her af Davids Samling
Litteratur: Alfred Bramsen: V.H., København og Kristiania 1918, kat. no. 103
Udstillinger: V.H.s Arbejder, Kunstforeningen, København 1900, kat. no. 45. Arbejder af V.H., Kunstforeningen, København 1900, 1. afd. kat. no. 87

37 *Selvportræt.* (Paris 1891)
Self-portrait
Forarbejde til dobbeltportræt af kunstneren og hans hustru i Davids Samling – se katalog no. 40
54,2×42,1 cm
Gerda og Peter Olufsen, København

Proveniens: Svend Hammershøi. Anna Hammershøi. Arne Bruun Rasmussen, auktion 61, København 26. april ff. 1955 (Anna Hammershøi), kat. no. 173, repr. Købt her af overretssagfører Peter Olufsen. Arvet efter denne af nuværende ejere
Litteratur: Alfred Bramsen: V.H., København og Kristiania 1918, kat. no. 105, repr.
Udstillinger: Arbejder af V.H., Kunstforeningen, København 1916, 1. afd. kat. no. 83. Nyare dansk konst, Liljevalchs Konsthall, Stockholm 1919, kat. no. 423

38 *Græsk relief.* (Paris 1891)
A Greek relief
Billedet er malet på Louvre efter et tidligt græsk relief.

Af kunstnerens breve fremgår, at det er påbegyndt sidst i september og fuldført sidst i december
95,5×96 cm
Privateje

Proveniens: Solgt 1892 af kunstneren til Alfred Bramsen. Gustav Falck. Karen Falck. Overgået fra denne til nuværende ejer
Litteratur: Alfred Bramsen: Weltkunst. Der dänische Maler Vilhelm Hammershøi, Zeitschrift für bildende Kunst, Leipzig 1905, p. 187 f., repr. p. 188. Alfred Bramsen: V.H., København og Kristiania 1918, p. 51, kat. no. 107, repr. Else Kai Sass: V.H., Danmark, (København) 1946, p. 143, repr. p. 142. Poul Vad: V.H., København 1957, p. 10, pl. 17. Merete Bodelsen: Vilhelm Hammershøis Artemis, Kunst og Kultur, Oslo 1959, p. 170. Knud Voss: Dansk Kunsthistorie 4, København 1974, p. 286, fig. 270
Udstillinger: Den frie Udstilling, København 1892, kat. no. 13. Kunstnernes Studieskoles udstilling, Charlottenborg, København 1896, kat. no. 98. V.H.s Arbejder, Kunstforeningen, København 1900, kat. no. 47. V.H., Eduard Schulte, Berlin 1905, kat. no. 12 (udstillingen fortsatte til Köln og Hamburg). Arbejder af V.H., Kunstforeningen, København 1916, 1. afd. kat. no. 85. V.H., Oslo Kunstforening, 1955, kat. no. 12. V.H., Kunstforeningen, København 1955, kat. no. 12

39 *Selvportræt.* (Ca. 1891)
Self-portrait
Pastel. 30×25 cm
Arne Bruun Rasmussen, København

Proveniens: Johs. C. Bock. Winkel & Magnussen, auktion 380, København 19. maj 1953 (Johs. C. Bock), kat. no. 41. Købt her af Arne Bruun Rasmussen
Udstillinger: V.H., Kunstforeningen, København 1955, kat. no. 52

40 *Dobbeltportræt af kunstneren og hans hustru.* (Paris 1892)
Double portrait of the artist and his wife
Billedet dateres 1891 af Alfred Bramsen, men det fremgår af Hammershøis breve, at det er begyndt først på året 1892 og fuldført i begyndelsen af marts, kort før kunstneren og hans kone rejste hjem fra Paris. Der findes et selvportræt, som er et forarbejde hertil – se katalog no. 37 – og en blyantstegning i privateje, som også synes at være et forarbejde. (Henrik Bramsen og Peter Koch: Dansk Tegnekunst, København 1948, p. 68)
36,5×65 cm
Davids Samling, København. Inv. no. B 313

Proveniens: Solgt umiddelbart efter kunstnerens hjemkomst fra Paris marts 1892 af kunstneren til Alfred Bramsen (iflg. kunstnerens mors notat i scrapbog). Gustav Falck. Johs. C. Bock. Winkel & Magnussen, auktion 380, København 19. maj 1953 (Johs. C. Bock), kat. no. 32. Købt her af Davids Samling
Litteratur: Carl V. Petersen: Omkring Vilhelm Hammershøi-

Udstillingen ..., Tilskueren, Kjøbenhavn 1916, p. 521. Alfred Bramsen: V.H., København og Kristiania 1918, p. 51, kat. no. 104, repr. Merete Bodelsen: Vilhelm Hammershøis Artemis, Kunst og Kultur, Oslo 1959, p. 170. Poul Vad: V.H., København 1957, p. 10, pl. 10. Mogens Nykjær: Hammershøis Artemis, Sophienholm, København 1980–81 (udst.kat.), p. 73 f., repr. p. 75
Udstillinger: Den frie Udstilling, København 1892, kat. no. 14. Kunstnernes Studieskoles udstilling, Charlottenborg, København 1896, kat. no. 91. V.H.s Arbejder, Kunstforeningen, København 1900, kat. no. 48. V.H., Eduard Schulte, Berlin 1905, kat. no. 14 (udstillingen fortsatte til Köln og Hamburg). Arbejder af V.H., Kunstforeningen, København 1916, 1. afd. kat. no. 84. Nyare dansk konst, Liljevalchs Konsthall, Stockholm 1919, kat. no. 424. V.H., Prins Eugens Waldemarsudde, Stockholm 1976, kat. no. 9, repr.

41 *Maleren Svend Hammershøi* (1873–1948), kunstnerens bror. (1892)
Portrait of the painter Svend Hammershøi, the artist's brother
47,6×36 cm
Privateje

Proveniens: Alfred Bramsen. Gustav Falck. Karen Falck. Overgået fra denne til nuværende ejer
Litteratur: Alfred Bramsen: V.H., København 1918, kat. no. 112. Poul Vad: V.H., København 1957, p. 9, pl. 13
Udstillinger: V.H.s Arbejder, Kunstforeningen, København 1900, kat. no. 55. Arbejder af V.H., Kunstforeningen, København 1916, 1. afd. kat. no. 156. V.H., Kunstforeningen, København 1955, kat. no. 13

42 *Kongevejen ved Gentofte.* (1892)
Kongevejen at Gentofte
Der kendes et malet forarbejde (Bramsen 1918, no. 118) og to tegnede (Bramsen no. 116 og 117) til dette billede
115×147 cm
Privateje

Proveniens: Solgt 1894 af kunstneren (gennem Vald. Kleis) til Alfred Bramsen. Gustav Falck. Solgt af Gustav Falck til nuværende ejer
Litteratur: Karl Madsen: V.H., Kunst, København 1899, upag. (p. 12), repr. (p. 9). Alfred Bramsen: V.H., København og Kristiania 1918, p. 44, kat. no. 115, repr. Poul Vad: V.H., København 1957, p. 10 f., pl. 18. Knud Voss: Dansk Kunsthistorie 4, København 1974, p. 294, fig. 278
Udstillinger: Den frie Udstilling, København 1893, kat. no. 21. Grosse Berliner Kunst-Ausstellung, 1900. V.H.s Arbejder, Kunstforeningen, København 1900, kat. no. 52. Baltiska Utställningen, Malmö 1914, kat. no. 2348. Arbejder af V.H., Kunstforeningen, København 1916, 1. afd. kat. no. 96. Nyare dansk konst, Liljevalchs Konsthall, Stockholm 1919, kat. no. 426, repr. Danish National Exhibition, Brooklyn Museum, New York 1927, kat. no. 38. V.H., Oslo Kunstforening 1955, kat. no. 13. V.H., Kunstforeningen, København 1955, kat. no. 14

43 »*Tirsdagsskoven*«. Frederiksborg. (1893)
»Tirsdagsskoven«. A small wood near Frederiksborg
Bet. f.n.t.h.: VH
52×70 cm
Ordrupgaardsamlingen, København

Proveniens: Solgt 1894 af kunstneren til kunsthandler Vald. Kleis. Erhvervet 1904 af Wilhelm Hansen
Litteratur: Karl Madsen: V.H., Kunst, København 1899, upag. (p. 12). Alfred Bramsen: V.H., København og Kristiania 1918, kat. no. 123, repr. Leo Swane: Katalog over kunstværkerne på Ordrupgård, København 1954, no. 126. Catalogue of the works of art in the Ordrupgaard Collection, København 1966, no. 126. Fortegnelse over kunstværkerne paa Ordrupgaard, København 1973, no. 126
Udstillinger: V.H.s Arbejder, Kunstforeningen, København 1900, kat. no. 60. Arbejder af V.H., Kunstforeningen, København 1916, 1. afd. kat. no. 99. Etatsrådet Wilhelm Hansens Samling av dansk Målarkonst, Nationalmuseum, Stockholm 1918, kat. no. 98

44 *Det gamle Frederiksborg*. (1893)
From Frederiksborg Castle
Forarbejde til højre side af maleri med samme titel (Bramsen 1918, no. 124). Der kendes også et forarbejde til billedets venstre del (Bramsen no. 126) samt en gentagelse af billedet fra 1896 (Bramsen no. 157)
45,7×32,2 cm
Gerda og Peter Olufsen, København

Proveniens: Peter Ilsted. Ingeborg Ilsted. Overretssagfører Peter Olufsen. Arvet efter denne til nuværende ejere
Litteratur: Alfred Bramsen: Weltkunst. Der dänische Maler Vilhelm Hammershøi, Zeitschrift für bildende Kunst, Leipzig 1905, p. 184. Alfred Bramsen: V.H., København og Kristiania 1918, kat. no. 125
Udstillinger: V.H.s Arbejder, Kunstforeningen, København 1900, kat. no. 59. Arbejder af V.H., Kunstforeningen, København 1916, 1. afd. kat. no. 102

45 *Tandlæge Alfred Bramsen* (1851–1932). (1893)
Portrait of Alfred Bramsen, a dentist
Forarbejde til portræt i halv figur (Bramsen 1918, no. 127, repr.). Et par tegnede forarbejder til portrættet figurerede på Hammershøi-udstillingen i Kunstforeningen 1916 (1. afd. kat. no. 107 og 108)
Bramsen kendte Hammershøi gennem mere end 25 år, købte jævnligt af ham og udarbejdede år 1900 en fortegnelse over hans arbejder i forbindelse med udstillingen i Kunstforeningen samme år. Efter kunstnerens død skrev han den store bog om denne, som han supplerede med en fortegnelse over kunstnerens samlede værk – den eneste til dato
Grisaille. 56×46 cm
Privateje

Proveniens: Alfred Bramsen. Gustav Falck. Karen Falck. Overgået fra denne til nuværende ejer
Litteratur: Alfred Bramsen: V.H., København og Kristiania 1918, kat. no. 128
Udstillinger: V.H.s Arbejder, Kunstforeningen, København

1900, kat. no. 64. V.H., Eduard Schulte, Berlin 1905, kat. no. 23 (udstillingen fortsatte til Köln og Hamburg). Arbejder af V.H., Kunstforeningen, København 1916, 1. afd. kat. no. 109

46 *Stue i Louis XVI stil.* Interiør fra kunstnerens bolig, Rahbeks Allé. (1893)
Interior in Louis Seize style. From the artist's home at Rahbeks Allé
Billedet har tidligere været dateret 1894, men er iflg. kunstnerens mors notat i scrapbog malet 1893 og købt af P. Fürstenberg, Göteborg, samme år
Et lignende billede tilhører Den Hirschsprungske Samling – se katalog no. 62
57,5×54 cm
Göteborgs Konstmuseum, Göteborg. Inv. no. F 33

Proveniens: Købt 1893 af P. Fürstenberg. Testamentarisk gave 1902 fra P. og G. Fürstenberg til Gøteborgs Konstmuseum
Litteratur: Alfred Bramsen: V.H.s Arbejder, Fortegnelse, København 1900, no. 67. Alfred Bramsen: V.H., København og Kristiania 1918, p. 49, kat. no. 138. Göteborgs Konstmuseum, Målerisamlingen, (Katalog), Göteborg 1979, no. F 33
Udstillinger: V.H., Prins Eugens Waldemarsudde, Stockholm 1957 (intet katalog). Det besjälade rummet, Malmö Museum, 1975, kat. no. 3, repr.

47 *Violoncelspilleren.* (1893–94)
The cello player
Portræt af Henry Bramsen, senere kgl. kammermusiker. Søn af Alfred Bramsen. Der findes en tegning efter maleriet – se katalog no. 49. Bramsen daterer billedet 1893, men iflg. kunstnerens mors notat i scrapbog er det fuldført 1894
142×105,5 cm
Fyns Kunstmuseum, Odense. Inv. no. FKM 1259

Proveniens: Alfred Bramsen. Gustav Falck. Karen Falck. Arne Bruun Rasmussen, auktion 267, København 28. sept. ff. 1971 (Karen Falck o.a.), kat. no. 5, repr. Købt her af Ny Carlsbergfondet, som samme år skænkede det til Fyns Kunstmuseum
Litteratur: Karl Madsen: V.H., Kunst, København 1899, upag. (p. 6), repr. (p. 10). Alfred Bramsen: Weltkunst. Der dänische Maler Vilhelm Hammershøi, Zeitschrift für bildende Kunst, Leipzig 1905, p. 183, repr. upag. (p. 182) efter kultegningen. Alfred Bramsen: V.H., København og Kristiania 1918, p. 46, 68, kat. no. 131, repr. Else Kai Sass: V.H., Danmark, (København) 1946, p. 140. Fortegnelse over malerier og skulpturer, Fyns Stifts Kunstmuseum, (Odense) 1977, no. 1259
Udstillinger: Den frie Udstilling, København 1896, kat. no. 35. Kunstnernes Studieskoles udstilling, Charlottenborg, København 1896, kat. no. 97. Grosse Berliner Kunst-Ausstellung, 1900. V.H.s Arbejder, Kunstforeningen, København 1900, kat. no. 61. V.H., Eduard Schulte, Berlin 1905, kat. no. 19. Esposizione internazionale di Roma, 1911, kat. no. 42. The Scandinavian Exhibition, New York, Buffalo, Toledo, Chicago, Boston 1912–13, kat. no. 62. Baltiska Utställningen, Malmö 1914, kat. no. 2350. Arbejder af V.H., Kunstforeningen, København 1916, 1. afd. kat.

no. 105. V.H., Theodor Philipsen, L. A. Ring, Sveriges All-
männa Konstförening, Stockholm 1930, kat. no. 8. V.H.,
Oslo Kunstforening, 1955, kat. no. 15. V.H., Kunstforenin-
gen, København 1955, kat. no. 16

48 *Artemis.* (1893–94)
Bramsen daterer billedet 1893, men iflg. kunstnerens
mors notat i scrapbog er det fuldført 1894
193×251,5 cm
Statens Museum for Kunst, København. Inv. no. 3358

Proveniens: Vilhelm Hammershøis dødsboauktion, Charlot-
tenborg, København 30. okt. 1916, kat. no. 18, repr. Købt
her af Statens Museum for Kunst
Litteratur: Mogens Ballin: Den frie Udstilling, Taarnet
april–maj 1894, p. 36 f., 41. Karl Madsen: V.H., Kunst,
København 1899, upag. (p. 12). Carl V. Petersen: Omkring
Hammershøi-Udstillingen..., Tilskueren, Kjøbenhavn 1916,
p. 518 f., 520. Alfred Bramsen: V.H., København og Kristia-
nia 1918, p. 59, kat. no. 133. Haavard Rostrup: Om V.H.'s
Kunst, Kunst og Kultur, Oslo 1940, p. 178, 181 f. Else Kai
Sass: V.H., Danmark, (København) 1946, p. 143 f., repr. p.
141. Poul Vad: V.H., København 1957, p. 12 ff., 16, 23, 25,
pl. 19–21. Merete Bodelsen: Vilhelm Hammershøis Arte-
mis, Kunst og Kultur, Oslo 1959, p. 161–174, repr. p. 161
og detaljer p. 166, 169. Harald Ditzel: »Artemis«, Kunst,
København 1959, p. 19–20, repr. p. 19. Nyere dansk
malerkunst, Katalog, Statens Museum for Kunst, København
1970, no. 3358. Mogens Nykjær: Hammershøis Artemis,
Sophienholm, København 1980–81 (udst. kat.), p. 71–80,
repr. p. 15 farve, p. 70 sort/hvidt
Udstillinger: Den frie Udstilling, København 1894, 2. op-
hængning kat. no. 103. Kunstnernes Studieskoles udstilling,
Charlottenborg, København 1896, kat. no. 84. V.H.s Arbej-
der, Kunstforeningen, København 1900, kat. no. 66. Arbej-
der af V.H., Kunstforeningen 1916, 1. afd. kat. no. 101.
V.H., Kunstforeningen, København 1955, kat. no. 17.
Dansk kunst 1885–1915, Kunstforeningen, København
1976, kat. no. 70. Enten Eller, Sophienholm, København
1980–81, kat. p. 15, repr.

49 *Violoncelspilleren.* (1894)
The cello player
Tegnet efter maleriet i Fyns Kunstmuseum – se katalog
no. 47
For øvrige oplysninger se samme no.
Kul og farvekridt på papir. 41,5×54,2 cm
Privateje

Proveniens: Alfred Bramsen. Gustav Falck. Karen Falck.
Overgået fra denne til nuværende ejer
Litteratur: Alfred Bramsen: V.H., København og Kristiania
1918, kat. no. 132
Udstillinger: V.H.s Arbejder, Kunstforeningen, København
1900, kat. no. 62. V.H., Eduard Schulte, Berlin 1905, kat.
no. 20. Arbejder af V.H., Kunstforeningen, København
1916, 1. afd. kat. no. 106

50 *Kunstnerens mor,* Frederikke Amalie Hammershøi,
født Rentzmann (1838–1914). (1894)
Portrait of the artist's mother

Malet på bestilling af Alfred Bramsen. Et forarbejde
tilhører Statens Museum for Kunst (Bramsen 1918,
no. 137)
97,5×77,5 cm
Privateje

Proveniens: Alfred Bramsen. Gustav Falck. Winkel & Mag-
nussen, auktion 386, København 16. marts ff. 1954 (Hans
Tobiesen II), kat. no. 14, repr. Formentlig købt her til
nuværende ejers samling
Litteratur: Karl Madsen: V.H., Kunst, København 1899,
repr. upag. (p. 11). Alfred Bramsen: V.H., København og
Kristiania 1918, p. 50, kat. no. 136, repr. Else Kai Sass:
V.H., Danmark, (København) 1946, p. 141. Poul Vad: V.H.,
København 1957, p. 15, pl. 14
Udstillinger: Den frie Udstilling, København 1895, kat. no.
14. V.H.s Arbejder, Kunstforeningen, København 1900, kat.
no. 68. V.H., Eduard Schulte, Berlin 1905, kat. no. 21
(udstillingen fortsatte til Köln og Hamburg). Arbejder af
V.H., Kunstforeningen, København 1916, 1. afd. kat. no.
112. L'art danois, Musée du Jeu de Paume, Paris 1928, kat.
no. 66. V.H., Theodor Philipsen, L. A. Ring, Sveriges
Allmänna Konstförening, Stockholm 1930, kat. no. 10.
Esposizione Biennale, Venezia 1932, kat. no. 4, repr. V.H.,
Oslo Kunstforening, 1955, kat. no. 16. V.H., Kunstforenin-
gen, København 1955, kat. no. 18

51 *Ida Hammershøi,* født Ilsted, kunstnerens hustru
(1869–1949). 1894
Portrait of Ida Hammershøi, née Ilsted, the artist's wife
Bet. (egenhændigt) på seddel på blændrammen: Por-
træt af min Hustru malt i 1894. V. Hammershøi.
35,6×33,9 cm
Statens Museum for Kunst, København. Inv. no. 6691

Proveniens: Alfred Bramsen. Gustav Falck. Karen Falck.
Arne Bruun Rasmussen, auktion 267, København 28. sep-
tember ff. 1971 (Karen Falck o.a.), kat. no. 3, repr. Købt her
af Statens Museum for Kunst
Litteratur: Alfred Bramsen: V.H., København og Kristiania
1918, kat. no. 139. Poul Vad: V.H., København 1957, pl. 9
Udstillinger: V.H.s Arbejder, Kunstforeningen, København
1900, kat. no. 71. Arbejder af V.H., Kunstforeningen, Kø-
benhavn 1916, 1. afd. kat. no. 113. V.H., Oslo Kunstfor-
ening, 1955, kat. no. 17. Kunstforeningen, København
1955, kat. no. 19

52 *Sovekammer med ung pige, der ser ud af vinduet.*
(1895)
Bedroom with a young woman looking out the
window
Beslægtet med maleri fra 1896 i Göteborgs Konstmu-
seum – se katalog no. 57. Figurmotivet er gentaget i
maleri fra 1901 – se katalog no. 83
Kul. 54,7×49,6 cm
Den Hirschsprungske Samling, København

Proveniens: Købt 1895 af Heinrich Hirschsprung
Litteratur: Alfred Bramsen: V.H.s Arbejder, Fortegnelse,
København 1900, no. 76. Emil Hannover: Fortegnelse over
Den Hirschsprungske Samling, København 1911, no. 717.
Alfred Bramsen: V.H., København og Kristiania 1918, kat.
no. 140

Udstillinger: Kunstnernes Studieskoles udstilling, Charlottenborg, København 1896, kat. no. 106. Exposition Universelle, Paris 1900, kat. no. 33 (?) Den Hirschsprungske Samling af danske kunstneres Arbejder, Charlottenborg, København 1902, kat. no. 588. V.H., Kunstforeningen, København 1955, kat. no. 53

53 *Tre unge kvinder.* (1895)
Three young women
De portrætterede er Ingeborg Ilsted, gift med Ida Hammershøis bror, maleren Peter Ilsted, Ida Hammershøi, kunstnerens kone og Anna Hammershøi, hans søster. Billedet blev malet på bestilling af instrumentmager Emil Hjorth og fuldført i august 1895 (iflg. kunstnerens mors notat i scrapbog)
128×167 cm
Ribe Kunstmuseum, Ribe. Inv. no. 497

Proveniens: Emil Hjorth. Laura M. Hjorth. Gave 1961 fra Ny Carlsbergfondet til Ribe Kunstmuseum
Litteratur: Alfred Bramsen: V.H.s Arbejder, Fortegnelse, København 1900, no. 75. Alfred Bramsen: V.H., København og Kristiania 1918, kat. no. 148. Poul Vad: V.H., København 1957, p. 15, pl. 23. Fortegnelse over kunstværker, Ribe Kunstmuseum, (Ribe) 1968, p. 14, pl. 11
Udstillinger: Den frie Udstilling, København 1896, kat. no. 33. Arbejder af V.H., Kunstforeningen, København 1916, 2. afd. kat. no. 3. Det danske Kunststævne, Forum, København 1929, kat. no. 123. V.H., Kunstforeningen, København 1955, kat. no. 20

54 *Søndermarken ved vintertid.* (1895–96)
Winter landscape. Søndermarken
Billedet var oprindelig større; den ufærdige del blev afskåret. Iflg. Emil Hannover (Fortegnelse over Den Hirschsprungske Samling, 1911) og Bramsen 1918, no. 152 er billedet malet 1896, men kunstnerens mor har i scrapbog noteret, at det er begyndt december 1895, fuldført 1896 og solgt til Heinrich Hirschsprung 1897
83,2×64,8 cm
Den Hirschsprungske Samling, København

Proveniens: Solgt 1897 af kunstneren til Heinrich Hirschsprung
Litteratur: Alfred Bramsen: V.H.s Arbejder, Fortegnelse, København 1900, no. 82. Emil Hannover: Fortegnelse over Den Hirschsprungske Samling, København 1911, no. 147. Alfred Bramsen: V.H., København og Kristiania 1918, kat. no. 152. Fortegnelse over Oljemalerierne i Den Hirschsprungske Samling, København 1930, no. 147. (Fortegnelse over) Den Hirschsprungske Samling, København 1977, no. 147
Udstillinger: Exposition Universelle, Paris 1900, kat. no. 23. Den Hirschsprungske Samling af danske Kunstneres Arbejder, Charlottenborg, København 1902, kat. no. 19. V.H., Oslo Kunstforening, 1955, kat. no. 19. V.H., Kunstforeningen, København 1955, kat. no. 22. V.H., Prins Eugens Waldemarsudde, Stockholm 1976, kat. no. 15

55 *Portræt af ung pige.* Kunstnerens søster Anna Hammershøi (1866–1955). (1896)
Portrait of a young woman. The artist's sister, Anna Hammershøi
Tegnet efter maleri fra 1885, tilhørende Den Hirschsprungske Samling – se katalog no. 13. Malmö Museum ejer en anden tegning efter maleriet – se katalog no. 56. Bramsen (1918, no. 29 og 30) daterer de to tegninger 1885 som maleriet, men iflg. kunstnerens mors notat i scrapbog er de udført 1896, antagelig fordi maleriet i januar dette år var blevet solgt til Heinrich Hirschsprung. Hun oplyser yderligere (under 1896), at den ene da tilhører hende, og den anden er købt af Bramsen
Sort, rødt og hvidt kridt på papir. 54×42,5 cm
Davids Samling, København. Inv. no. B 315

Proveniens: Frederikke Hammershøi. Anna Hammershøi. Arne Bruun Rasmussen, auktion 61, København 26. april ff. 1955 (Anna Hammershøi), kat. no. 198, repr. Købt her af Davids Samling
Litteratur: Alfred Bramsen: V.H., København og Kristiania 1918, kat. no. 30
Udstillinger: V.H., Eduard Schulte, Berlin 1905, kat. no. 1. – denne eller tegningen i Malmö Museum (udstillingen fortsatte til Köln og Hamburg). V.H., Prins Eugens Waldemarsudde, Stockholm 1976, kat. no. 1a

56 *Portræt af ung pige.* Kunstnerens søster Anna Hammershøi (1866–1955). (1896)
Portrait of a young woman. The artist's sister, Anna Hammershøi
Som katalog no. 55 tegnet efter maleri fra 1885, tilhørende Den Hirschsprungske Samling. For samtlige oplysninger se samme no.
Kul. 53×43,5 cm
Malmö Museum, Malmö. Inv. no. M 23.715

Proveniens: Alfred Bramsen. Gave 1932 fra Wilhelm Hansen (Ordrupgaard) til Malmö Museum
Litteratur: Alfred Bramsen: V.H., København og Kristiania 1918, kat. no. 29
Udstillinger: V.H., Eduard Schulte, Berlin 1905, kat. no. 1 – denne eller tegningen i Davids Samling (udstillingen fortsatte til Köln og Hamburg). V.H., Kunstforeningen, København 1916, 1. afd. kat. no. 21. V.H., Prins Eugens Waldemarsudde, Stockholm 1976, kat. no. 1b

57 *Sovekammer.* (1896)
Bedroom
56,5×46,5 cm
Göteborgs Konstmuseum, Göteborg. Inv. no. F 34

Proveniens: Formentlig købt på Den frie Udstilling 1896 af P. Fürstenberg. Testamentarisk gave 1902 fra P. og G. Fürstenberg til Göteborgs Konstmuseum
Litteratur: Alfred Bramsen: V.H.s Arbejder, Fortegnelse, København 1900, no. 81. Alfred Bramsen: V.H., København og Kristiania 1918, kat. no. 150. Göteborgs Konstmuseum, Målerisamlingen, (Katalog), Göteborg 1979, no. F 34

Udstillinger: Den frie Udstilling, København 1896, 2. ophængning kat. no. 160. V.H., Prins Eugens Waldemarsudde, Stockholm 1957 (intet katalog). V.H., Prins Eugens Waldemarsudde, Stockholm 1976, kat. no. 13, repr.

58 *Saly's statue af Frederik den Femte på Amalienborg Plads.* (1896)
The statue of King Frederik V by Saly in the square of Amalienborg Palace
Forarbejde til maleri, tilhørende Statens Museum for Kunst – se katalog no. 59. Iflg. kunstnerens mors notat i scrapbog malede Hammershøj »nogle Studier til Amalienborg« i 1896, medens Bramsen kun omtaler dette ene
63,1×42,4 cm
Hendes Majestæt Dronning Ingrid

Proveniens: Alfred Bramsen. Gustav Falck. Hans Tobiesen. Winkel & Magnussen, auktion 382, København 5. okt. ff. 1953 (Hans Tobiesen I), kat. no. 612. Købt her af Dronning Ingrid
Litteratur: Alfred Bramsen: V.H., København og Kristiania 1918, kat. no. 154
Udstillinger: Den frie Udstilling, København 1898, no. 74. V.H.s Arbejder, Kunstforeningen, København 1900, kat. no. 84. V.H., Eduard Schulte, Berlin 1905, kat. no. 29 (udstillingen fortsatte til Köln og Hamburg). Baltiska Utställningen, Malmö 1914, kat. no. 2352. Arbejder af V.H., Kunstforeningen, København 1916, 1. afd. kat. no. 122. Nyare dansk konst, Liljevalchs Konsthall, Stockholm 1919, kat. no. 431. L'art danois, Musée du Jeu de Paume, Paris 1928, kat. no. 67. Udvalg af V.H.s Arbejder, Kunstforeningen, København 1930, kat. no. 7. V.H., Theodor Philipsen, L. A. Ring, Sveriges Allmänna Konstförening, Stockholm 1930, kat. no. 12. Esposizione Biennale, Venezia 1932, kat. no. 5, repr.

59 *Amalienborg Plads.* (1896)
Amalienborg Palace Square
Der kendes et forarbejde til dette billede – se katalog no. 58 – men Hammershøj synes at have malet flere – se samme no.
136,5×136,5 cm
Statens Museum for Kunst, København. Inv. no. 1542

Proveniens: Købt 1896 af Statens Museum for Kunst
Litteratur: Alfred Bramsen: V.H.s Arbejder, Fortegnelse, København 1900, no. 83. Alfred Bramsen: Weltkunst. Der dänische Maler Vilhelm Hammershøi, Zeitschrift für bildende Kunst, Leipzig 1905, p. 184. Alfred Bramsen: V.H., København og Kristiania 1918, p. 40, 46 f., kat. no. 153, repr. Else Kai Sass: V.H., Danmark, (København) 1946, p. 139, repr. p. 140. Poul Vad: V.H., København 1957, p. 12, pl. 25. Nyere dansk malerkunst, Katalog, Statens Museum for Kunst, København 1970, no. 1542
Udstillinger: Den frie Udstilling, København 1898, kat. no. 74. L'art danois, Musée du Jeu de Paume, Paris 1928, kat. no. 67. V.H., Oslo Kunstforening, 1955, kat. no. 20. V.H., Kunstforeningen, København 1955, kat. no. 23.

60 *Landskab. »Ryet« ved Farum Sø.* (1896 eller 1897)
Landscape. »Ryet« near Farum Lake
Studie til maleri i privateje – se katalog no. 60
Sortkridt og blyant på papir. Ca. 41,5×52,1/53,1 cm
Den kongelige Kobberstiksamling, Statens Museum for Kunst, København. Inv. no.7921

Proveniens: Gave 1918 fra Ida Hammershøi til Kobberstiksamlingen
Udstillinger: V.H., Kunstforeningen, København 1955, kat. no. 55

61 *Landskab. »Ryet« ved Farum Sø.* (1896 eller 1897)
Landscape. »Ryet« near Farum Lake
Der findes en studietegning hertil – se katalog no. 60
44,5×56,6 cm
Privateje

Proveniens: Aage Mantzius. E. Aug. Bloch. Martha Schibler. Arne Bruun Rasmussen, auktion 149, København 29. nov. 1962 (Martha Schibler o.a.), kat. no. 12, repr. Købt her af nuværende ejer
Litteratur: Alfred Bramsen: V.H., København og Kristiania 1918, kat. no. 165
Udstillinger: Arbejder af V.H., Kunstforeningen, København 1916, 1. afd. kat. no. 126

62 *Stue i Louis XVI stil.* Interiør fra kunstnerens bolig, Rahbeks Allé. (1897)
Interior in Louis Seize style. From the artist's home at Rahbeks Allé
Billedet har hidtil været dateret 1896, men er iflg. kunstnerens mors notat i scrapbog malet 1897 og solgt til Alfred Bramsen samme år. Et lignende interiør, malet 1893, tilhører Göteborgs Konstmuseum – se katalog no. 46
51,3×66,5 cm
Den Hirschsprungske Samling, København

Proveniens: Solgt 1897 af kunstneren til Alfred Bramsen. Købt 1904 af Heinrich Hirschsprung fra Bramsens samling
Litteratur: Karl Madsen: V.H., Kunst, København 1899, upag. (p. 10). Emil Hannover: Fortegnelse over Den Hirschsprungske Samling, København 1911, no. 148. Alfred Bramsen: V.H., København og Kristiania 1918, p. 49, kat. no. 151, repr. p. 48. Fortegnelse over Oljemalerierne i Den Hirschsprungske Samling, København 1930, no. 148. Else Kai Sass: V.H., Danmark, (København) 1946, p. 138, 141, repr. p. 142. (Fortegnelse over) Den Hirschsprungske Samling, København 1977, no. 148
Udstillinger: Den frie Udstilling, København 1898, kat. no. 76. Grosse Berliner Kunst-Ausstellung 1900. V.H.s Arbejder, Kunstforeningen, København 1900, kat. no. 87. Malerier og Studier forhen tilhørende Dr. Alfred Bramsen, V. Winkel & Magnussen, København 1904, kat. no. 28. A Selection of Works by Danish Painters, Guildhall, London 1907, kat. no. 135. V.H., Oslo Kunstforening, 1955, kat. no. 18, repr. V.H., Kunstforeningen, København 1955, kat. no. 21, repr.

63 *Kronborg, set fra Kommandantens Tårn.* (1897)
Kronborg Castle seen from the Tower of the Commanding Officer
84×86 cm
Privateje

Proveniens: Alfred Bramsen. Gustav Falck. Hans Tobiesen. Winkel & Magnussen, auktion 382, København 5. okt. ff. 1953 (Hans Tobiesen I), kat. no. 609, repr. Købt her til nuværende ejers samling
Litteratur: Karl Madsen: V.H., Kunst, København 1899, upag. (p. 12), repr. Alfred Bramsen: Weltkunst. Der dänische Maler Vilhelm Hammershøi, Zeitschrift für bildende Kunst, Leipzig 1905, p. 184. Alfred Bramsen: V.H., København og Kristiania 1918, p. 61, 68, 94, kat. no. 166, repr. Haavard Rostrup: V.H.'s Kunst, Kunst og Kultur, 1940, p. 188. Else Kai Sass: V.H., Danmark, (København) 1946, p. 139. Poul Vad: V.H., København 1957, p. 12, pl. 24
Udstillinger: Den frie Udstilling, København 1898, kat. no. 73. Grosse Berliner Kunst-Ausstellung, 1900. V.H.s Arbejder, Kunstforeningen, København 1900, kat. no. 90. V.H., Eduard Schulte, Berlin 1905, kat. no. 30 (udstillingen fortsatte til Köln og Hamburg). A Selection of Works by Danish Painters, Guildhall, London 1907, kat. no. 126. Esposizione internazionale di Roma, 1911, kat. no. 41. The Scandinavian Exhibition, New York, Buffalo, Toledo, Chicago, Boston 1912−13, kat. no. 64, repr. Baltiska Utställningen, Malmö 1914, kat. no. 2353. Arbejder af V.H., Kunstforeningen, København 1916, 1. afd. kat. no. 130. Nyare dansk konst, Liljevalchs Konsthall, Stockholm 1919, kat. no. 434. Danish National Exhibition, Brooklyn Museum, New York 1927, kat. no. 39, repr. L'art danois, Musee du Jeu de Paume, Paris 1928, kat. no. 68. V.H., Theodor Philipsen, L. A. Ring, Sveriges Allmänna Konstförening, Stockholm 1930, kat. no. 13. Esposizione Biennale, Venezia 1932, kat. no. 6, repr. V.H., Oslo Kunstforening, 1955, kat. no. 22, Kunstforeningen, København 1955, kat. no. 25, repr.

64 *Interiør med ung læsende mand.* (1898)
Interior with a young man reading
Modellen er kunstnerens bror, Svend Hammershøi. Iflg. kunstnerens mors notat i scrapbog er billedet malet efter dennes hjemkomst fra London 28. maj 1898 og solgt til Heinrich Hirschsprung samme år
64,4×51,8 cm
Den Hirschsprungske Samling, København

Proveniens: Solgt 1898 af kunstneren til Heinrich Hirschsprung
Litteratur: Emil Hannover: Fortegnelse over Den Hirschsprungske Samling, København 1911, no. 149. Alfred Bramsen: V.H., København og Kristiania 1918, kat. no. 180. Fortegnelse over Oljemalerierne i Den Hirschsprungske Samling, København 1930, no. 149. Knud Voss: Dansk Kunsthistorie 4, København 1974, p. 289, fig. 272. (Fortegnelse over) Den Hirschsprungske Samling, København 1977, no. 149.
Udstillinger: Den frie Udstilling, København 1899, kat. no. 48. Exposition Universelle, Paris 1900, kat. no. 24. Den Hirschsprungske Samling af danske Kunstneres Arbejder, Charlottenborg, København 1902, kat. no. 116. Den baltiska Utställningen, Malmö 1914, kat. no. 2354. Det besjælade rummet, Malmö Museum, 1975, kat. no. 4, repr.

65 *Kunstnerens hustru.* (London 1898)
The artist's wife
Studie til dobbeltportræt af kunstneren og hans hustru, malet i London 1898, tilhørende Aarhus Kunstmuseum − se katalog no. 66
Blyant på papir. 24,2×18,8 cm
Den kongelige Kobberstiksamling, Statens Museum for Kunst, København. Inv. no. 1964−288

Proveniens: Ida Hammershøi. Arne Bruun Rasmussen, auktion 171, København 8. okt. 1964, kat. no. 198. Købt her af Kobberstiksamlingen
Udstillinger: Arbejder af V.H., Kunstforeningen, København 1916, 1. afd. kat. no. 139. V.H., Prins Eugens Waldemarsudde, Stockholm 1976, kat. no. 50

66 *Dobbeltportræt af kunstneren og hans hustru.* London 1898
Double portrait of the artist and his wife
Der findes et tegnet portræt af Ida Hammershøi, som er en studie hertil − se katalog no. 65.
Bet. på blændrammen: Malet i London 1898 V. Hammershøi
71,8×86,3 cm
Aarhus Kunstmuseum, Århus. Inv. no. 627

Proveniens: Solgt 1899 af kunstneren til Alfred Bramsen (iflg. kunstnerens mors notat i scrapbog). Gustav Falck. Karen Falck. Arne Bruun Rasmussen, auktion 267, København 28. sept. ff. 1971 (Karen Falck o.a.), kat. no. 1, repr. Købt her af Ny Carlsbergfondet, som samme år skænkede det til Aarhus Kunstmuseum
Litteratur: Karl Madsen: V.H., Kunst, København 1899, upag. (p. 6, 10), repr. (p. 1). Alfred Bramsen: Weltkunst. Der dänische Maler Vilhelm Hammershøi, Zeitschrift für bildende Kunst, Leipzig 1905, p. 180, repr. Carl V. Petersen: Tilskueren, Kjøbenhavn 1916, p. 521. Alfred Bramsen: V.H., København og Kristiania 1918, p. 51, 60, 65, 68, kat. no. 182, repr. Poul Vad: V.H., København 1957, p. 16, pl. 26, 48. Maleri og skulptur erhvervet 1962−72, Aarhus Kunstmuseum, Århus 1973, no. 627, repr. Mogens Nykjær: Hammershøis Artemis, Sophienholm, København 1980−81 (udst.kat.), p. 76, repr. p. 77
Udstillinger: Den frie Udstilling, København 1908, kat. no. 77. V.H.s Arbejder, Kunstforeningen, København 1900, kat. no. 103. V.H., Eduard Schulte, Berlin 1905, kat. no. 33 (udstillingen fortsatte til Köln og Hamburg). Esposizione internazionale di Roma, 1911, kat. no. 35. Arbejder af V.H., Kunstforeningen, København 1916, 1. afd. kat. no. 140. Nyare dansk konst, Liljevalchs Konsthall, Stockholm 1919, kat. no. 436. L'art danois, Musée du Jeu de Paume, Paris 1928, kat. no. 69. V.H., Oslo Kunstforening, 1955, kat. no. 23. V.H., Kunstforeningen, København 1955, kat. no. 26

67 *Interiør med ung pige, der fejer.* (1899)
Interior with a young woman sweeping
40,3×50,2 cm
Den Hirschsprungske Samling, København

Proveniens: Erhvervet af Heinrich Hirschsprung før 1902
Litteratur: Alfred Bramsen: V.H.s Arbejder, Fortegnelse, København 1900, no. 115. Emil Hannover: Fortegnelse over Den Hirschsprungske Samling, København 1911, no. 150.

Alfred Bramsen: V.H., København og Kristiania 1918, kat. no. 191. Fortegnelse over Oljemalerierne i den Hirschsprungske Samling, København 1930, no. 150. (Fortegnelse over) Den Hirschsprungske Samling, København 1977, no. 150
Udstillinger: Exposition Universelle, Paris 1900, kat. no. 25. Den Hirschsprungske Samling af danske Kunstneres Arbejder, Charlottenborg, København 1902, kat. no. 117. Den frie Udstilling, København 1908, kat. no. 88. Det besjälade rummet, Malmö Museum, 1975, kat. no. 5, repr.

68 *Landskab. Falster.* (1899)
Landscape. Falster
46,1×55 cm
Privateje

Proveniens: Alfred Bramsen. Eigil Bramsen. Louise Bramsen. Gave fra denne til nuværende ejer
Litteratur: Alfred Bramsen: V.H., København og Kristiania 1918, p. 59, no. 192
Udstillinger: V.H.s Arbejder, Kunstforeningen, København 1900, kat. no. 118. V.H., Eduard Schulte, Berlin 1905, kat. no. 34 (udstillingen fortsatte til Köln og Hamburg). A Selection of Works by Danish Painters, Guildhall, London 1907, kat. no. 137. Arbejder af V.H., Kunstforeningen, København 1916, 1. afd. kat. no. 147. L'art danois, Musée du Jeu de Paume, Paris 1928, kat. no. 70. V.H., Theodor Philipsen, L. A. Ring, Sveriges Allmänna Konstförening, Stockholm 1930, kat. no. 16. V.H., Kunstforeningen, København 1955, kat. no. 27

69 *Bondegård.* Refsnæs. (1900)
A farm. Refsnæs
Bet. f.n.t.h.: VH.
53×62 cm
Davids Samling, København. Inv. no. B 306. Deponeret på Statens Museum for Kunst

Proveniens: Fabrikejer Salomonsen. Klas Fåhræus, Brevik, Stockholm. Erhvervet før 1930 af C. L. David
Litteratur: Alfred Bramsen: V.H., København og Kristiania 1918, kat. no. 203
Udstillinger: Den frie Udstilling, København 1901, kat. no. 52b. Udvalg af Vilh. Hammershøis Arbejder, København 1930, kat. no. 11

70 *Stue med kvinde siddende på hvid stol.* Interiør fra kunstnerens bolig, Strandgade 30. (1900)
Interior with a woman seated on a white chair. From the artist's home at 30 Strandgade
Bet. f.n.t.h.: VH
57×49 cm
Privateje

Proveniens: Fru dr. Simon, Berlin. V. Winkel & Magnussen, auktion 74, København 4. febr. 1930, kat. no. 39, repr. Købt her af Knud Neye. Arne Bruun Rasmussen, auktion 345, København 4. maj 1976 (Agathe og Knud Neye), kat. no. 26, repr. Købt her af nuværende ejer
Litteratur: Alfred Bramsen: V.H., København og Kristiania 1918, kat. no. 206, repr.

71 *»Støvkornenes dans i solstrålerne«.* Interiør fra kunstnerens hjem, Strandgade 30. (1900)
»Dust motes dancing in sunlight«. Interior from the artist's home at 30 Strandgade
70×59 cm
Steen Kristensen, København

Proveniens: Alfred Bramsen. E. de Foguel. Arne Bruun Rasmussen, auktion 210, København 12. okt. 1967, kat. no. 81, repr. Købt her af nuværende ejer
Litteratur: Alfred Bramsen: Weltkunst. Der dänische Maler Vilhelm Hammershøi, Zeitschrift für bildende Kunst, Leipzig 1905, p. 183, repr. p. 187. Vilhelm Wanscher: V.H., Ord och Bild, Stockholm 1915, p. 410, repr. p. 408. Carl V. Petersen: Omkring Hammershøi-Udstillingen..., Tilskueren, Kjøbenhavn 1916, p. 516 f. Alfred Bramsen: V.H., København og Kristiania 1918, p. 60, 61, 68, 77, kat. no. 207, repr. Else Kai Sass: V.H., Danmark, (København) 1946, p. 139. Poul Vad: V.H., København 1957, p. 21 ff., pl. 27. Knud Voss: Dansk Kunsthistorie 4, København 1974, p. 291, fig. 274
Udstillinger: V.H., Eduard Schulte, Berlin 1905, kat. no. 42 (udstillingen fortsatte til Köln og Hamburg). A Selection of Works by Danish Painters, Guildhall, London 1907, kat. no. 127. Den frie Udstilling, København 1908, kat. no. 75. Esposizione internazionale di Roma, 1911, kat. no. 34. The Scandinavian Exhibition, New York, Buffalo, Toledo, Chicago, Boston 1912–13, kat. no. 63, repr. Baltiska Utställningen, Malmö 1914, kat. no. 2355. Arbejder af V.H., Kunstforeningen 1916, 1. afd. kat. no. 154. L'art danois, Musée du Jeu de Paume, Paris 1928, kat. no. 72. Det danske Kunststævne, Forum, København 1929, kat. no. 127. Udvalg af V.H.s Arbejder, Kunstforeningen, København 1930, kat. no. 12. V.H., Theodor Philipsen, L.A. Ring, Sveriges Allmänna Konstförening, Stockholm 1930, kat. no. 17. V.H., Oslo Kunstforening, 1955, kat. no. 25. V.H., Kunstforeningen, København 1955, kat. no. 29

72 *Interiør med sofa og lille bord.* (Ca. 1900–1905)
Interior with a sofa and a small table
Kul og blyant på papir. 34,1×34 cm
Den kongelige Kobberstiksamling, København. Inv. no. 9475

Proveniens: L. Zeuthen. Testamentarisk gave 1924 fra L. Zeuthen og søstre til Kobberstiksamlingen
Udstillinger: V.H., Kunstforeningen, København 1955, kat. no. 56. V.H., Prins Eugens Waldemarsudde, Stockholm 1976, kat. no. 49

73 *Daniel Jacobson Salter.* (1901)
Portrait of Daniel Jacobson Salter
Portrættet blev malet på bestilling af E. Aage Hirschsprung, søn af Heinrich og Pauline Hirschsprung. Modellen var dennes fætter, en søn af Pauline Hirschsprungs bror (iflg. Eigil Brünniche)
Bet. t.h. (over figurens skulder): VH
55,4×34,2 cm
Den Hirschsprungske Samling, København

Proveniens: Tilhørte E. Aage Hirschsprung – se ovenfor – til dennes død 1909 og overgik derefter til Den Hirschsprungske Samling

Litteratur: Emil Hannover: Fortegnelse over Den Hirschsprungske Samling, København 1911, no. 151. Alfred Bramsen: V.H., København og Kristiania 1918, kat. no. 211. Fortegnelse over Oljemalerierne i Den Hirschsprungske Samling, København 1930, no. 151. (Fortegnelse over) Den Hirschsprungske Samling, København 1977, no. 151.
Udstillinger: Arbejder af V.H., Kunstforeningen, København 1916, 2. afd. kat. no. 7

74 *Fra Fortunen.* (1901)
Landscape. From Fortunen
Der skal eksistere en studietegning hertil (Bramsen 1918, no. 215)
55×66,5 cm
Statens Museum for Kunst, København. Inv. no. 6990

Proveniens: Købt 1904 af Pietro Krohn på nedennævnte udstilling hos V. Winkel & Magnussen 1904. Pietro Krohns auktion, Kunstindustrimuseet, København 19. marts 1906, kat. no. 23. Købt her af F. Hendriksen. Knud Hendriksen. Valborg Hendriksen. Arne Bruun Rasmussen, auktion 364, København 8. juni ff. 1977 (Valborg Hendriksen), kat. no. 460, repr. Købt her af Statens Museum for Kunst
Litteratur: Alfred Bramsen: V.H., København og Kristiania 1918, kat. no. 214
Udstillinger: Malerier og Studier forhen tilhørende Dr. Alfred Bramsen, V. Winkel & Magnussen, København 1904, kat. no. 27. Arbejder af V.H., Kunstforeningen, København 1916, 2. afd. kat. no. 8. Udvalg af V.H.s Arbejder, Kunstforeningen, København 1930, kat. no. 13. Mit bedste Kunstværk, Statens Museum for Kunst, København 1941, kat. no. 72

75 *Fem portrætter.* (1901)
Five portraits
Kompositionsskitse til maleriet med samme titel i Thielska Galleriet – se katalog no. 81. Der kendes endnu en kompositionsskitse hertil – se katalog no. 76 – samt portrætskitser af de fem modeller – se katalog no. 77–80 samt Bramsen 1918, no. 218 og 219
35×55,5 cm
Privateje

Proveniens: Ida Hammershøi. Peter og Ebba Olufsen. Overgået fra disse til nuværende ejer
Litteratur: Alfred Bramsen: V.H., København og Kristiania 1918, kat. no. 217. Poul Vad: V.H., København 1957, p. 17, pl. 28A

76 *Fem portrætter.* (1901)
Five portraits
Kompositionsskitse til maleriet med samme titel i Thielska Galleriet – se katalog no. 81
30,5×50 cm
Statens Museum for Kunst, København. Inv. no. 3840

Proveniens: Kunsthandler J. Chr. Levinsen. Solgt 1928 af denne til Statens Museum for Kunst
Litteratur: Poul Vad: V.H., København 1957, p. 17, pl. 28B. Nyere dansk malerkunst, Katalog, Statens Museum for Kunst, København 1970, no. 3840
Udstillinger: V.H., Prins Eugens Waldemarsudde, Stockholm 1957 (intet katalog)

77 *Maleren J. F. Willumsen* (1863–1958). (1901)
Portrait of the painter J. F. Willumsen
Forarbejde til *Fem portrætter* i Thielska Galleriet – se katalog no. 81. Et andet portræt, ligeledes et forarbejde til *Fem portrætter,* tilhører J. F. Willumsens Museum (Bramsen 1918, no. 219)
Angående andre forarbejder m.m. se ligeledes katalog no. 81
Malet på pap. 43×27,5 cm
Statens Museum for Kunst, København. Inv. no. 6793

Proveniens: Alfred Bramsen. Gustav Falck. Karen Falck. Arne Bruun Rasmussen, auktion 267, København 28. sept. ff. 1971 (Karen Falck o.a.), kat. no. 8, repr. – ikke solgt. Købt 1974 af Statens Museum for Kunst
Litteratur: Alfred Bramsen: V.H., København og Kristiania 1918, p. 60, kat. no. 220. Poul Vad: V.H., København 1957, p. 17, pl. 30
Udstillinger: V.H., Eduard Schulte, Berlin 1905, kat. no. 38. Den frie Udstilling, København 1908, kat. no. 73. Baltiska Utställningen, Malmö 1914, kat. no. 2359 (dette eller Bramsen no. 219). Arbejder af V.H., Kunstforeningen, København 1916, 2. afd. kat. no. 13. Nyare dansk konst, Liljevalchs Konsthall, Stockholm 1919, kat. no. 441. Vor tids kunst i privateje, Statens Museum for Kunst, København 1953, kat. no. 75. V.H., Oslo Kunstforening, 1955, kat. no. 26. V.H., Kunstforeningen, København 1955, kat. no. 30.

78 *Maleren Svend Hammershøi,* kunstnerens bror (1873–1948). (1901)
Portrait of the painter Svend Hammershøi, the artist's brother
Forarbejde til *Fem portrætter* i Thielska Galleriet – se katalog no. 81
45×32 cm
Statens Museum for Kunst, København. Inv. no. 6694

Proveniens: Alfred Bramsen. Gustav Falck. Karen Falck. Arne Bruun Rasmussen, auktion 267, København 28. sept. ff. 1971 (Karen Falck o.a.), kat. no. 12. Købt her af Statens Museum for Kunst
Litteratur: Alfred Bramsen: V.H., København og Kristiania 1918, p. 60, kat. no. 221, repr.
Udstillinger: V.H., Eduard Schulte, Berlin 1905, kat. no. 40 (udstillingen fortsatte til Köln og Hamburg). Den frie Udstilling, København 1908, 2. ophængning kat. no. 327. Baltiska Utställningen, Malmö 1914, kat. no. 2358. Arbejder af V.H., Kunstforeningen, København 1916, 2. afd. kat. no. 12. Nyare dansk konst, Liljevalchs Konsthall, Stockholm 1919, kat. no. 439. V.H., Oslo Kunstforening, 1955, kat. no. 27

79 *Maleren Carl Holsøe (1863–1935).* (1901)
Portrait of the painter Carl Holsøe
Forarbejde til *Fem portrætter* i Thielska Galleriet – se katalog no. 81
44,5×36,5 cm
Privateje

Proveniens: Alfred Bramsen. Gustav Falck. Karen Falck. Arne Bruun Rasmussen, auktion 267, København 28. sept. ff. 1971 (Karen Falck o.a.), kat. no. 9. Købt her af nuværende ejer

Litteratur: Alfred Bramsen: Weltkunst. Der dänische Maler Vilhelm Hammershøi, Leipzig 1905, p. 180. Alfred Bramsen: V.H., København og Kristiania 1918, p. 60, kat. no. 222, repr.
Udstillinger: V.H., Eduard Schulte, Berlin 1905, kat. no. 39. V.H., E. J. van Wisselingh, London 1907, kat. no. 10. Den frie Udstilling, København 1908, kat. no. 74 el. 326. Baltiska Utställningen, Malmö 1914, kat. no. 2360. Arbejder af V.H., Kunstforeningen, København 1916, 2. afd. kat. no. 14. Nyare dansk konst, Liljevalchs Konsthall, Stockholm 1919, kat. no. 442

80 *Arkitekten Thorvald Bindesbøll* (1846−1908). (1901)
Portrait of the architect Thorvald Bindesbøll
Forarbejde til *Fem portrætter* i Thielska Galleriet − se katalog no. 81
40×31,5 cm
Privateje

Proveniens: Alfred Bramsen. Gustav Falck. Karen Falck. Overgået fra denne til nuværende ejer
Litteratur: Alfred Bramsen: V.H., København og Kristiania 1918, p. 60, 65, kat. no. 223, repr. Poul Vad: V.H., København 1957, p. 17, pl. 31
Udstillinger: V.H., Eduard Schulte, Berlin 1905, kat. no. 40. Den frie Udstilling, København 1908, kat. no. 74 el. 326. Baltiska Utställningen, Malmö 1914, kat. no. 2357. Arbejder af V.H., Kunstforeningen 1916, 2. afd. kat. no. 15. Nyare dansk konst, Liljevalchs Konsthall, Stockholm 1919, kat. no. 438. Vor tids kunst i privateje. Charlottenborg 1953, kat. no. 76. V.H., Oslo Kunstforening, 1955, kat. no. 28. V.H., Kunstforeningen, København 1955, kat. no. 31

81 *Fem portrætter.* (1901)
Five portraits
De portrætterede er arkitekten Thorvald Bindesbøll (1846−1908), maleren Svend Hammershøi (1873−1948), kunsthistorikeren Karl Madsen (1855−1938), senere direktør for Statens Museum for Kunst, maleren J. F. Willumsen (1863−1958) og maleren Carl Holsøe (1863−1935). Der kendes to kompositionsskitser til billedet − se katalog no. 75 og 76 − og seks portrætstudier − se katalog no. 77−80 samt Bramsen 1918, no. 218 og 219
190×340 cm
Thielska Galleriet, Stockholm. Inv. no. 117

Proveniens: Købt 1905 på Valand-udstillingen, Göteborg, af Ernest Thiel
Litteratur: Alfred Bramsen: Weltkunst. Der dänische Maler Vilhelm Hammershøi, Zeitschrift für bildende Kunst, Leipzig 1905, p. 181. Vilhelm Wanscher: V.H., Ord och Bild, Stockholm 1915, p. 407 ff., repr. p. 400. Carl V. Petersen: Omkring Hammershøi-Udstillingen…, Tilskueren, Kjøbenhavn 1916, p. 519 f. Alfred Bramsen: V.H., København og Kristiania 1918, p. 48, 60, 65, kat. no. 216. Haavard Rostrup: Om V.H.'s Kunst, Kunst og Kultur, Oslo, p. 186, repr. p. 177. Else Kai Sass: V.H., Danmark, (København) 1946, p. 141 f., repr. p. 137. Poul Vad: V.H., København 1957, p. 16 ff., 21, 23, pl. 29. Knud Voss: Dansk Kunsthistorie 4, København 1974, p. 293 f., fig. 276. Ulf Linde: Thielska Galleriet, Stockholm 1979, kat. no. 117, repr.

Udstillinger: Den frie Udstilling, København 1902, kat. no. 50. Esposizione Biennale, Venezia 1903 (intet egtl. katalog). Neunte Kunstausstellung der Berliner Secession, Berlin 1904, kat. no. 78. V.H. m. fl., Valand-udstillingen, Göteborg 1905. Nyare dansk konst, Liljevalchs Konsthall, Stockholm 1919, kat. no. 443. Det danske Kunststævne, Forum, København 1929, kat. no. 128. Kunstakademiets jubilæumsudstilling, Charlottenborg, København 1954, kat. no. 159. V.H., Prins Eugens Waldemarsudde, Stockholm 1976, kat. no. 18, repr.

82 *Stue med klaver og sortklædt kvinde.* Interiør fra kunstnerens bolig, Strandgade 30. (1901)
Interior with piano and woman in black. From the artist's home at 30 Strandgade
Bet. f.n.t.h.: VH
63×52,5 cm
Ordrupgaardsamlingen, København

Proveniens: Købt 1901 af Wilhelm Hansen
Litteratur: Alfred Bramsen: V.H., København og Kristiania 1918, kat. no. 226, repr. Leo Swane: Katalog over kunstværkerne på Ordrupgård, København 1954, no. 127. Catalogue of the works of art in the Ordrupgaard Collection, København 1966, no. 127. Fortegnelse over kunstværkerne paa Ordrupgaard, København 1973, no. 127
Udstillinger: Den frie Udstilling, København 1906, kat. no. 83. A Selection of Works by Danish Painters, Guildhall, London 1907, kat. no. 136. Etatsrådet Wilhelm Hansens Samling av dansk Målarkonst, Nationalmuseum, Stockholm 1918, kat. no. 99

83 *Stue med udsigt mod Asiatisk Kompagnis bygninger.* Interiør fra kunstnerens bolig, Strandgade 30. (1901)
Interior with a view of the East Asiatic Company. From the artist's home at 30 Strandgade
Bet. f.n.t.h.: VH
61,5×52,2 cm
Privateje

Proveniens: Georg Hertz
Litteratur: Alfred Bramsen: V.H., København og Kristiania 1918, kat. no. 227
Udstillinger: Arbejder af V.H., Kunstforeningen, København 1916, 2. afd. kat. no. 19

84 *Asiatisk Kompagnis bygninger.* (1902)
The buildings of the East Asiatic Company
Et stort forarbejde til dette billede tilhører Statens Museum for Kunst (Bramsen 1918, no. 237). Kunstneren tog motivet op igen i et mindre billede 1907 − se katalog no. 117. Der kendes desuden en tegning af motivet, solgt på Arne Bruun Rasmussen, auktion 357, 23. febr. 1950, kat. no. 69b
158×166 cm
Privateje

Proveniens: Alfred Bramsen. Gustav Falck?
Litteratur: Alfred Bramsen: Weltkunst. Der dänische Maler Vilhelm Hammershøi, Zeitschrift für bildende Kunst, Leipzig 1905, p. 184, repr. Alfred Bramsen: V.H., København og Kristiania 1918, p. 50, 60, 63, 74 f., kat. no. 236, repr. Else Kai Sass: V.H., Danmark, (København) 1946, p. 139

Udstillinger: Den frie Udstilling, København 1903, kat. no. 219. A Selection of Works by Danish Painters, Guildhall, London 1907, kat. no. 130. Arbejder af V.H., Kunstforeningen, København 1916, 2. afd. kat. no. 24. Udvalg af V.H.s Arbejder, Kunstforeningen, København 1930, kat. no. 48

85 *Christiansborg Slot.* (1902)
Christiansborg Palace
Et billede med samme motiv, malet 1890–92, tilhører Statens Museum for Kunst (Bramsen 1918, no. 120). Kunstneren tog motivet op igen i 1909 (Bramsen 1918, no. 323) samt, set under en lidt anden vinkel, i billeder fra 1913 (Bramsen no. 367A) og 1914 (Bramsen no. 369)
117×139 cm
Privateje

Proveniens: Victor A. Goldschmidt. Victor A. Goldschmidts auktion, Charlottenborg, København 7. febr. 1934, kat. no. 21. Købt her af nuværende ejer
Litteratur: Alfred Bramsen: V.H., København og Kristiania 1918, kat. no. 239. Poul Vad: V.H., København 1957, p. 20, pl. 32
Udstillinger: Arbejder af V.H., Kunstforeningen 1916, 2. afd. kat. no. 25. V.H., Oslo Kunstforening, 1955, kat. no. 29. V.H., Kunstforeningen, København 1955, kat. no. 33

86 *Interiør fra S. Stefano Rotondo.* (Rom 1902–3)
Interior from S. Stefano Rotondo. Rome
Det fremgår af breve, at Johannes Jørgensen skaffede Hammershøi tilladelse til at male i S. Stefano Rotondo, og at billedet er begyndt i december 1902 og fuldført sidst i januar 1903 (29. jan.)
En tegning med samme motiv (tidligere i Kunstforeningens eje) blev solgt på Arne Bruun Rasmussens auktion 137, København 7. nov. ff. 1961, kat. no. 92
67,5×72,8 cm
Fyns Kunstmuseum, Odense. Inv. no. FKM 509

Proveniens: Alfred Bramsen. Gustav Falck. Hans Tobiesen. Winkel & Magnussen, auktion 388, København 3. sept. 1954, (Hans Tobiesen III), kat. no. 16, repr. Købt her af Ny Carlsbergfondet som samme år skænkede det til Fyns Kunstmuseum
Litteratur: Alfred Bramsen: Weltkunst. Der dänische Maler Vilhelm Hammershøi, Zeitschrift für bildende Kunst, Leipzig 1905, p. 184. Alfred Bramsen: V.H., København og Kristiania 1918, p. 51, 55, 60, 61, 63, 65, 68, kat. no. 232, repr. Poul Vad: V.H., København 1957, p. 21, pl. 33. Fortegnelse over malerier og skulpturer, Fyns Stifts Kunstmuseum, (Odense) 1977, no. 509
Udstillinger: Den frie Udstilling, København 1903, kat. no. 48. V.H., Eduard Schulte, Berlin 1905, kat. no. 44 (udstillingen fortsatte til Köln og Hamburg). A Selection of Works by Danish Painters, Guildhall, London 1907, kat. no. 133. Esposizione internazionale di Roma, 1911, kat. no. 43. Baltiska Utställningen, Malmö 1914, kat. no. 2356. Arbejder af V.H., Kunstforeningen, København 1916, 2. afd. kat. no. 22. Nyare dansk konst, Liljevalchs Konsthall, Stockholm 1919, kat. no. 444. V.H., Kunstforeningen, København 1955, kat. no. 32. Det besjälade rummet, Malmö Museum, 1975, kat. no. 8, repr. V.H., Prins Eugens Waldemarsudde, Stockholm 1976, kat. no. 20, repr.

87 *Stue med udsigt til svalegang.* Fra kunstnerens bolig, Strandgade 30. (1903)
Interior with view of exterior gallery. From the artist's home at 30 Strandgade
72×58,5
Davids Samling, København. Inv. no. B 307

Proveniens: Johan Levin. Erhvervet af C. L. David før 1930
Litteratur: Alfred Bramsen: V.H., København og Kristiania 1918, p. 60, kat. no. 240, repr. Erik Zahle i C. L. Davids Samling, Nogle studier I, København 1948, p. 207
Udstillinger: Arbejder af V.H., Kunstforeningen, København 1916, 2. afd. kat. no. 26. Udvalg af V.H.s Arbejder, Kunstforeningen, København 1930, kat. no. 14. V.H., Theodor Philipsen, L. A. Ring, Sveriges Allmänna Konstförening, Stockholm 1930, kat. no. 20. Det besjälade rummet, Malmö Museum, 1975, kat. no. 9, repr. V.H., Prins Eugens Waldemarsudde, Stockholm 1976, kat. no. 21, repr.

88 *»Solregn«.* Gentofte Sø. (1903)
Sunshine and shower, Lake Gentofte
Studie til maleri i privateje – se katalog no. 90
Blyant på papir. 37,4×57 cm
Privateje

Proveniens: Svend Hammershøi. V. Winkel & Magnussen, auktion 357, København 23. febr. 1950, kat. no. 69a. Overretssagfører Peter Olufsen. Overgået fra denne til nuværende ejer
Litteratur: Alfred Bramsen: V.H., København og Kristiania 1918, kat. no. 243

89 *»Solregn«.* Gentofte Sø. (1903)
Sunshine and shower, Lake Gentofte
Forarbejde til større billede i privateje – se katalog no. 90
42,5×60,5 cm
Ordrupgaardsamlingen, København

Proveniens: Købt 1904 af Wilhelm Hansen
Litteratur: Alfred Bramsen: V.H., København og Kristiania,1918, kat. no. 245. Leo Swane: Katalog over kunstværkerne på Ordrupgård, København 1954, no. 128. Catalogue of the works of art in the Ordrupgaard Collection, København 1966, no. 128. Fortegnelse over kunstværkerne paa Ordrupgaard, København 1973, no. 128
Udstillinger: Den frie Udstilling, København 1904, kat. no. 67. A Selection of Works by Danish Painters, Guildhall, London 1907, kat. no. 129. Etatsrådet Wilhelm Hansens Samling av dansk Målarkonst, Nationalmuseum, Stockholm 1918, kat. no. 100

90 *»Solregn«.* Gentofte Sø. (1903)
Sunshine and shower, Lake Gentofte
Et forarbejde til dette billede tilhører Ordrupgaard – se katalog no. 89. Der kendes yderligere to malede forarbejder (Bramsen 1918, no. 242 og 244) samt et tegnet – se katalog no. 88
83×78 cm
Privateje

Proveniens: Alfred Bramsen. Theodor Jensen. Arne Bruun Rasmussen, auktion 154, København 28. maj 1963 (Theodor Jensen og hustru), kat. no. 6, repr. Købt her af nuværende ejer
Litteratur: Alfred Bramsen: Weltkunst. Der dänische Maler Vilhelm Hammershøi, Zeitschrift für bildende Kunst, Leipzig 1905, repr. p. 189. Alfred Bramsen: V.H., København og Kristiania 1918, p. 44, 60, 66, kat. no. 241, repr. Else Kai Sass: V.H., Danmark, (København) 1946, p. 139 f., repr. p. 144
Udstillinger: V.H., Eduard Schulte, Berlin 1905, kat. no. 45 (udstillingen fortsatte til Köln og Hamburg). Den frie Udstilling, København 1908, kat. no. 76. Arbejder af V.H., Kunstforeningen, København 1916, 2. afd. kat. no. 29. Nyare dansk konst, Liljevalchs Konsthall, Stockholm 1919, kat. no. 445. Udvalg af V.H.s Arbejder, Kunstforeningen, København 1930, kat. no. 15. V.H., Kunstforeningen, København 1955, kat. no. 34

91 *»Solskin i dagligstuen« III.* Interiør fra kunstnerens bolig, Strandgade 30. (1903)
»Sunshine in the drawing room« III. Interior from the artist's home at 30 Strandgade
Bet. på bagsiden af lærredet: V Hammershøi
56,9×68,8 cm
Privateje

Proveniens: Alfred Bramsen. Wilhelm Tegner
Litteratur: Alfred Bramsen: V.H., København og Kristiania 1918, p. 60, 67, kat. no. 248, repr.
Udstillinger: V.H., Eduard Schulte, Berlin 1905, kat. no. 43 – denne eller en af de andre versioner (udstillingen fortsatte til Köln og Hamburg). Exhibition of work by Modern Danish Artists, Public Art Galleries, Brighton 1912, kat. no. 57, repr. (fejlagtigt angivet som no. 58). Arbejder af V.H., Kunstforeningen, København 1916, 2. afd. kat. no. 32. Nyare dansk konst, Liljevalchs Konsthall, Stockholm 1919, kat. no. 458 (?). Danish National Exhibition, Brooklyn Museum, New York 1927, kat. no. 40 (denne el. en af de andre versioner). Udvalg af V.H.s Arbejder, Kunstforeningen, København 1930, kat. no. 18. V.H., Theodor Philipsen, L. A. Ring, Sveriges Allmänna Konstförening, Stockholm 1930, kat. no. 19

92 *Læsende dame.* Interiør fra kunstnerens bolig, Strandgade 30. (1903)
Woman reading. Interior from the artist's home at 30 Strandgade
Bet. f.n.t.h.: VH
55,2×46,8 cm
Mona Hylén

Proveniens: Eduard Rée. Eduard Rées dødsboauktion, Charlottenborg, København 26.–27. nov. 1918, kat. no. 18, repr. Købt 1924 hos V. Winkel & Magnussen af Knud Neye. Arne Bruun Rasmussen, auktion 345, København 4. maj 1976 (Agathe og Knud Neye), kat. no. 25, repr. Købt her af nuværende ejer
Litteratur: Alfred Bramsen: V.H., København og Kristiania 1918, kat. no. 249
Udstillinger: En samling Malerier og Studier af danske Kunstnere, V. Winkel & Magnussen, København april 1913, kat. no. 2

93 *Interiør med ung kvinde set fra ryggen.* (Ca. 1903–04)
Interior with a young woman with her back turned
Billedet, der ikke er med i Bramsens fortegnelse 1918, må formentlig dateres 1903 eller 1904 – sammenlign f.eks. katalog no. 92 og no. 102
Bet. f.n.t.v.: VH
61×50,5 cm
Randers Kunstmuseum, Randers. Inv. no. RKR 438

Proveniens: Sven Risom. Gave 1948 fra Ny Carlsbergfondet til Randers Kunstmuseum
Litteratur: Fortegnelse over Randers Museums malerier og tegninger, Randers 1952, no. 100. Knud Voss: Dansk Kunsthistorie 4, København 1974, p. 292, fig. 275
Udstillinger: Ny Carlsbergfondets jubilæumsudstilling, Charlottenborg, København 1952, kat. no. 93

94 *Aften i stuen.* (1904)
Evening in the room
Forarbejde til aldrig fuldført maleri, tilhørende Statens Museum for Kunst – se katalog no. 96.
69×61 cm
Privateje

Proveniens: Svend Hammershøi. Anna Hammershøi. Arne Bruun Rasmussen, auktion 61, København 26. april ff. 1955, (Anna Hammershøi), kat. no. 193. Købt her af nuværende ejer
Litteratur: Alfred Bramsen: V.H., København og Kristiania 1918, kat. no. 251
Udstillinger: Arbejder af V.H., Kunstforeningen, København 1916, kat. no. 39

95 *Arkitekten Thorvald Bindesbøll* (1846–1908). (1904)
The architect Thorvald Bindesbøll
Forarbejde til det aldrig fuldførte maleri *Aften i stuen,* tilhørende Statens Museum for Kunst – se katalog no. 96
54×65 cm
Statens Museum for Kunst, København. Inv. no. 4074

Proveniens: Johanne Bindesbøll. Testamentarisk gave 1934 fra denne til Statens Museum for Kunst
Litteratur: Alfred Bramsen: V.H., København og Kristiania 1918, kat. no. 255, repr. Nyere dansk malerkunst, Katalog, Statens Museum for Kunst, København 1970, no 4074. Knud Voss: Dansk Kunsthistorie 4, København 1974, p. 294
Udstillinger: Arbejder af V.H., Kunstforeningen, København 1916, 2. afd. kat. no. 41. Nyare dansk konst, Liljevalchs Konsthall, Stockholm 1919, kat. no. 447. Det danske Kunststævne, Forum, København 1929, kat. no. 129. Mit bedste Kunstværk, Statens Museum for Kunst, København 1941, kat. no. 72

96 *Aften i stuen.* (1904)
Evening in the room
Billedet blev aldrig fuldført. De portrætterede er Henry Madsen (Karl Madsens søn), arkitekten Thorvald Bindesbøll (1846–1908), kunstnerens hustru,

Ida Hammershøi (1869–1949) og hans bror, maleren Svend Hammershøi (1873–1948). Der kendes flere forarbejder til dette billede: en kompositionsskitse – se katalog no. 94 – to portrætstudier af Henry Madsen (Bramsen 1918, no. 253 og 254), et af Bindesbøll – se katalog no. 95 – alle tre tilhørende Statens Museum for Kunst, samt et af Svend Hammershøi (Bramsen no. 256)

101×123,5 cm

Statens Museum for Kunst, København. Inv. no. 6658

Proveniens: Alfred Bramsen. Gustav Falck. Th. Hagedorn Olsen. Solgt 1970 af denne til Statens Museum for Kunst
Litteratur: Alfred Bramsen: V.H., København og Kristiania 1918, p. 48, 60, 72, kat. no. 250, repr. Else Kai Sass: V.H., Danmark, (København) 1946, p. 142. Poul Vad: V.H., København 1957, p. 18 f., 21, pl. 35. Knud Voss: Dansk Kunsthistorie 4, København 1974, p. 294, fig. 277
Udstillinger: Den baltiska Utställningen, Malmö 1914, kat. no. 2366. Arbejder af V.H., Kunstforeningen, København 1916, 2. afd. kat. no. 37. Nyare dansk konst, Liljevalchs Konsthall, Stockholm 1919, kat. no. 448. V.H., Theodor Philipsen, L. A. Ring, Sveriges Allmänna Konstförening, Stockholm 1930, kat. no. 21

97 »Møntsamleren«. Kunstnerens bror, Svend Hammershøi. (1904)
The coin collector. The artist's brother, Svend Hammershøi
Samme rum og afskæring som i »Støvkornenes dans«, katalog no. 71 og i Stue. Solskinsstudie, katalog no. 112. Der kendes et forarbejde til »Møntsamleren« uden figur (Bramsen 1918, no. 258)

89×69,5 cm

Nasjonalgalleriet, Oslo. Inv. no. NG 2273

Proveniens: Alfred Bramsen. Benny Dessau. Hans Tobiesen. Winkel & Magnussen, auktion 382, København 5. okt. ff. 1953 (Hans Tobiesen I), kat. no. 611. Købt her af Nasjonalgalleriet
Litteratur: Alfred Bramsen: V.H., København og Kristiania 1918, p. 72, kat. no. 257, repr. Else Kai Sass: V.H., Danmark, (København) 1946, p. 139. Poul Vad: V.H., København 1957, p. 19, 21, pl. 36. Katalog over utenlandsk malerkunst, Nasjonalgalleriet, Oslo 1973, no. 50, repr.
Udstillinger: Den frie Udstilling, København 1904, 2. ophængning. V.H., Eduard Schulte, Berlin 1905, kat. no. 51 (udstillingen fortsatte til Köln og Hamburg). Baltiska Utställningen, Malmö 1914, kat. no. 2372. Arbejder af V.H., Kunstforeningen, København 1916, 2. afd. kat. no. 42. Udvalg af V.H.s Arbejder, Kunstforeningen, København 1930, kat. no. 19. V.H., Oslo Kunstforening, 1955, kat. no. 30. V.H., Kunstforeningen, København 1955, kat. no. 36. Det besjälade rummet, Malmö Museum, 1975, kat. no. 22, repr. V.H., Prins Eugens Waldemarsudde, Stockholm 1976, kat. no. 23, repr.

98 Husgavle. Frederiksværk. (1904)
House gables. Frederiksværk
Iflg. kunstnerens mors notat i scrapbog gjorde Ham-

mershøi 1904 sommerophold i Frederiksværk – jvf. de to følgende billeder med motiver herfra
Bet. f.n.t.h.: VH
42,5×55,5 cm
Privateje

Proveniens: Alfred Bramsen
Litteratur: Alfred Bramsen: V.H., København og Kristiania 1918, p. 72, kat. no. 261, repr.
Udstillinger: V.H., Eduard Schulte, Berlin 1905, kat. no. 49 (udstillingen fortsatte til Köln og Hamburg). Den frie Udstilling, København 1908, kat. no. 77. Baltiska Utställningen, Malmö 1914, kat. no. 2363. Arbejder af V.H., Kunstforeningen, København 1916, 2. afd. kat. no. 43. Udvalg af V.H.s Arbejder, Kunstforeningen, København 1930, kat. no. 20. V.H., Theodor Philipsen. L. A. Ring, Sveriges Allmänna Konstförening, Stockholm 1930, kat. no. 23

99 Ung bøgeskov. Frederiksværk. (1904)
Landscape of a stand of young beeches. Frederiksværk
47×73 cm
Davids Samling, København. Inv. no. B 308

Proveniens: Alfred Bramsen. V. Winkel & Magnussen, auktion 175, København 14. maj 1938, kat. no. 101. Købt her af C. L. David
Litteratur: Alfred Bramsen: V.H., København og Kristiania 1918, kat. no. 262. Erik Zahle i C. L. Davids Samling, Nogle studier I, København 1948, p. 207
Udstillinger: V.H., Eduard Schulte, Berlin 1905, kat. no. 48 (udstillingen fortsatte til Köln og Hamburg). Den frie Udstilling, København 1908, kat. no. 330. Arbejder af V.H., Kunstforeningen, København 1916, 2. afd. no. 44. Udvalg af V.H.s Arbejder, Kunstforeningen, København 1930, kat. no. 21. V.H., Theodor Philipsen, L. A. Ring, Sveriges Allmänna Konstförening, Stockholm 1930, kat. no. 22. V.H., Prins Eugens Waldemarsudde, Stockholm 1976, kat. no. 22

100 Træstammer. Frederiksværk. (1904)
Tree trunks. Frederiksværk
Bet. f.n.t.h.: VH
45,4×69 cm
Privateje

Proveniens: Alfred Bramsen. Gustav Falck. Karen Falck. Overgået fra denne til nuværende ejer
Litteratur: Alfred Bramsen: V.H., København og Kristiania 1918, kat. no. 263
Udstillinger: V.H., Eduard Schulte, Berlin 1905, kat. no. 47 (udstillingen fortsatte til Köln og Hamburg). Den frie Udstilling, København 1908, kat. no. 331. Baltiska Utställningen Malmö 1914, kat. no. 2364. Arbejder af V.H., Kunstforeningen, København 1916, 2. afd. kat. no. 48. Udvalg af V.H.s Arbejder, Kunstforeningen, København 1930, kat. no. 22. Vor tids kunst i privateje, Charlottenborg, København 1953, kat. no. 78. V.H., Oslo Kunstforening, 1955, kat. no. 31

101 Stue med empiresofa. Interiør fra kunstnerens bolig, Strandgade 30. (1904)

Interior with Empire sofa. From the artist's home at 30 Strandgade
Bet. f.n.t.h.: VH
69×53 cm
V. Heltborg Nielsen, Svendborg

Proveniens: A. W. Simmelhag. Arne Bruun Rasmussen, auktion 76, København 3. okt. 1956 (A. W. Simmelhag og hustru), kat. no. 76, repr. Købt her af nuværende ejer
Litteratur: Alfred Bramsen: V.H., København og Kristiania 1918, kat. no. 266, repr.

102 *Stue med punchebolle af københavnsk porcelæn.* Interiør fra kunstnerens bolig, Strandgade 30. (1904)
Interior with a punch bowl. From the artist's home at 30 Strandgade
78,5×57,5 cm
Hendes Majestæt Dronning Ingrid

Proveniens: Alfred Bramsen. Solgt af denne til Conrad M. Pineus. Kong Gustaf IV Adolf af Sverige. Dronning Ingrid
Litteratur: Alfred Bramsen: V.H., København og Kristiania 1918, kat. no. 267. C. Nordenfalk: Katalog över Conrad M. Pineus Konstsamling, Göteborg 1940, no. 223
Udstillinger: V.H., Eduard Schulte, Berlin 1905, kat. no. 46 (udstillingen fortsatte til Köln og Hamburg). A Selection of Works by Danish Painters, Guildhall, London 1907, kat. no. 134. Den frie Udstilling, København 1908, kat. no. 329. Baltiska Utställningen, Malmö 1914, kat. no. 2352. V.H., Prins Eugens Waldemarsudde, Stockholm 1957, (intet katalog)

103 *Landskab.* Studie. (1904?)
Landscape sketch
Har muligvis forbindelse med *Landskabsstudie fra Frederiksværk* 1904, Bramsen 1918, no. 264 (Nøgne bakker med enkelte træer på toppen)
55×64,5 cm
Gerda og Peter Olufsen, København

Proveniens: Overretssagfører Peter Olufsen. Arvet efter denne af nuværende ejere

104 *Et hjørne af Mikkel Vibes Gård.* Fra kunstnerens bolig, Strandgade 30. (1905)
Corner of the courtyard at Mikkel Vibe's merchant's house at 30 Strandgade
Der findes en gentagelse af dette billede (Bramsen 1918, no. 269) samt en version af motivet uden figur, solgt før 1918 til kunsthandler Paul Cassirer i Berlin (Bramsen no. 270). Hammershøi malede allerede i 1899 samme hjørne af gården (uden figur), set fra en lidt anden vinkel (Bramsen no. 193)
74×60 cm
Privateje, Norge

Proveniens: Thorsten Laurin, Stockholm. Arne Bruun Rasmussen, auktion 273, København 8. febr. ff. 1972, kat. no. 46, repr. Købt her af kunsthandler i Bergen, der solgte det til nuværende ejer

Litteratur: Alfred Bramsen: V.H., København og Kristiania 1918, kat. no. 268 (fejlagtigt repr. no. 269 som 268)
Udstillinger: V.H., Eduard Schulte, Berlin 1905, kat. no. 50 – formentlig denne version og ikke gentagelsen (udstillingen fortsatte til Köln og Hamburg). A Selection of Works by Danish Painters, Guildhall, London 1907, kat. no. 124. Arbejder af V.H., Kunstforeningen, København 1916, 2. afd. kat. no. 51. Nyare dansk konst, Liljevalchs Konsthall, Stockholm 1919, kat. no. 450

105 *»Hvile«.* Kvinde set fra ryggen. (1905)
»Resting«. Woman with her back turned
49,5 ×46,5 cm
Privateje

Proveniens: Alfred Bramsen
Litteratur: Alfred Bramsen: V.H., København og Kristiania 1918, p. 60, 61, 63, 65, 68, kat. no. 274, repr.
Udstillinger: V.H., Eduard Schulte, Berlin 1905, kat. no. 53 (udstillingen fortsatte til Köln og Hamburg). A Selection of Works by Danish Painters, Guildhall, London 1907, kat. no. 131. Den frie Udstilling, København 1908, kat. no. 79. Esposizione internazionale di Roma, 1911, kat. no. 32. Baltiska Utställningen, Malmö 1914, kat. no. 2361. Udvalg af V.H.s Arbejder, Kunstforeningen, København 1930, kat. no. 24. V.H., Theodor Philipsen, L.A. Ring, Sveriges Allmänna Konstförening, Stockholm 1930, kat. no. 26

106 *»Åbne døre«.* (Hvide døre). Interiør fra kunstnerens bolig, Strandgade 30. (1905)
»Open doors«. (White doors). Interior from the artist's home at 30 Strandgade
52×60 cm
Davids Samling, København. Inv. no. B 309. Deponeret i Den Hirschsprungske Samling, København

Proveniens: Alfred Bramsen. Gustav Falck. V. Winkel & Magnussen, auktion 74, København 4. febr. 1930, kat. no. 39. Hans Tobiesen. Winkel & Magnussen, auktion 382, København 5. okt. ff. 1953 (Hans Tobiesen I), kat. no. 610. Købt her af Davids Samling
Litteratur: Alfred Bramsen: V.H., København og Kristiania 1918, p. 57, 60, 61, 66, kat. no. 275, repr. Erik Zahle i C. L. Davids Samling, Nogle studier III, København 1948, p. 127, repr. Poul Vad: V.H., København 1957, p. 21, 23, pl. 34
Udstillinger: V.H., Eduard Schulte, Berlin 1905, kat. no. 57 (udstillingen fortsatte til Köln og Hamburg). A Selection of Works by Danish Painters, Guildhall, London 1907, kat. no. 128. Den frie Udstilling, København 1908, kat. no. 80. Esposizione internazionale di Roma, 1911, kat. no. 33. The Scandinavian Exhibition, New York, Buffalo, Toledo, Chicago, Boston 1912−13, kat. no. 65. Baltiska Utställningen, Malmö 1914, kat. no. 2365. Arbejder af V.H., Kunstforeningen, København 1916, 2. afd. kat. no. 55. Nyare dansk konst, Liljevalchs Konsthall, Stockholm 1919, kat. no. 449. L'art danois, Musée du Jeu de Paume, Paris 1928, kat. no. 71. V.H., Theodor Philipsen, L.A. Ring, Sveriges Allmänna Konstförening, Stockholm 1930, kat. no. 25. V.H., Oslo Kunstforening, 1955, kat. no. 32. V.H., Kunstforeningen København 1955, kat. no. 37. Dansk kunst 1885−1915, Kunstforeningen, København, kat. no. 72. Det besjälade rummet, Malmö Museum, 1975, kat. no. 11, repr. V.H., Prins Eugens Waldemarsudde, Stockholm 1976, kat. no. 26, repr.

107 *Landskab. Lejre.* (1905)
Landscape. From Lejre
Der kendes et mindre forarbejde til dette billede
(Bramsen 1918, no. 277) og et billede med tilsvaren-
de motiv – se katalog no. 108. Hammershøi malede
endnu to landskaber fra Lejre det år (Bramsen no. 279
og 280)
56×76,5 cm
Privateje

Proveniens: Alfred Bramsen. Gustav Falck
Litteratur: Alfred Bramsen: V.H., København og Kristiania
1918, p. 44, 60, 61, 66,68, kat. no. 276, repr.
Udstillinger: Den frie Udstilling, København 1908, kat. no.
78. Esposizione internazionale di Roma, 1911, kat. no. 37.
Baltiska Utställningen, Malmö 1914, kat. no. 2362. Arbej-
der af V.H., Kunstforeningen, København 1916, 2. afd. kat.
no. 49. V.H., Theodor Philipsen, L.A. Ring, Sveriges All-
männa Konstförening, Stockholm 1930, kat. no. 24. V.H.,
Oslo Kunstforening, 1955, kat. no. 33. V.H., Kunstfor-
eningen, København 1955, kat. no. 38

108 *Landskab. Lejre.* (1905)
Landscape. From Lejre
Et maleri med tilsvarende motiv tilhører en dansk
privatsamling – se katalog no. 107
41×68 cm
Nationalmuseum, Stockholm. Inv. no. NM 2248

Proveniens: Carl Robert Lamm, Stockholm. Auktion, Bu-
kowski, Stockholm 28. sept. 1920 (Carl Robert Lamm), kat.
no. 79. Købt her af Nationalmuseum
Litteratur: Alfred Bramsen: V.H., København og Kristiania
1918, p. 44, kat. no. 278. Nationalmusei Målningssamling,
Nordiska konstnärers arbeten, Beskrivande katalog, Stock-
holm 1942, no. 2248
Udstillinger: Arbejder af V.H., Kunstforeningen, København
1916, 2. afd. kat. no. 50. V.H., Theodor Philipsen, L.A.
Ring, Sveriges Allmänna Konstförening, Stockholm 1930,
kat. no. 35. V.H., Prins Eugens Waldemarsudde, Stockholm
1957 (intet katalog). V.H., Prins Eugens Waldemarsudde,
Stockholm 1976, kat. no. 27 (det danskejede billede fejlag-
tigt repr.)

109 *Tre skibe.* Christianshavns Kanal, nær Søkvæsthuset.
(1905)
Three ships. The Christianshavn Canal near Søkvæst-
huset
47,5×71 cm
Davids Samling, København. Inv. no. B 310

Proveniens: Klas Fåhræus, Brevik, Stockholm. Erhvervet før
1930 af C. L. David
Litteratur: Alfred Bramsen: V.H., København og Kristiania
1918, kat. no. 281, repr. Erik Zahle i C. L. Davids Samling,
Nogle studier I, København 1948, p. 207
Udstillinger: Udvalg af V.H.s Arbejder, Kunstforeningen,
København 1930, kat. no. 26, repr. V.H., Prins Eugens Wal-
demarsudde, Stockholm 1976, kat. no. 24, repr.

110 *Gade i London.* Montague Street med British Muse-
um. (1905–06)
London Scenery. Montague Street with the British
Museum
Dette og et lignende billede – katalog no. 111 – er
malet fra en 1. sals lejlighed, som kunstneren og hans
kone lejede under et ophold i London fra ca. 10.
november til begyndelsen af 1906 (januar). Af breve
til moderen fremgår, at det ene eller begge billeder er
påbegyndt ved overtagelsen af lejligheden ca. 1. de-
cember, og at de er færdiggjort efter nytår, samt at
Hammershøi agtede at forære det ene til Leonard Bor-
wick – se katalog no. 111
Bet. f.n.t.h.: VH
56×64 cm
Ny Carlsberg Glyptotek, København. Inv. no. 1969

Proveniens: Alfred Bramsen. Gulstav Falck. Gave 1939 fra
Ny Carlsbergfondet til Ny Carlsberg Glyptotek
Litteratur: Alfred Bramsen: V.H., København og Kristiania
1918, p. 52, 60, 63, 68, kat. no. 289, repr. Haavard Ro-
strup: Om V.H.s Kunst, Kunst og Kultur, Oslo 1940, p. 189,
repr. p. 184. Haavard Rostrup: Danske malerier og tegnin-
ger, (Fortegnelse), Ny Carlsberg Glyptotek, København
1977, no 787
Udstillinger: V.H., E. J. van Wisselingh, London 1907, kat.
no. 12 (dette eller Maribos billede). Den frie Udstilling, Kø-
benhavn 1908, kat. no. 333. Espozione internazionale di
Roma, 1911, kat. no. 38. The Scandinavian Exhibition, New
York, Buffalo, Toledo, Chicago, Boston 1912–13, kat. no.
66 (dette eller Maribos billede). Baltiska Utställningen,
Malmö 1914, kat. no. 2369 (dette eller Maribos billede). Ar-
bejder af V.H., Kunstforeningen, København 1916, 2. afd.
kat. no. 60. Nyare dansk konst, Liljevalchs Konsthall, Stock-
holm 1919, kat. no. 451. Udvalg af V.H.s Arbejder, Kunst-
foreningen, København 1930, kat. no. 29

111 *Fra British Museum.* London. Montague Street med
British Museum. (1905–06)
The British Museum from Montague Street. London
Som det fremgår af nedennævnte dedikation gave fra
kunstneren til hans ven, den engelske pianist, Leo-
nard Borwick (1862–1925). Angående billedets da-
tering o.a. – se katalog no. 110
Bet. på bagsiden: LB from VH in memory of happy
times in London 1906
50,5×44,8 cm
Lolland-Falsters Kunstmuseum, Maribo. Inv. no. 8.65

Proveniens: Gave 1906 fra kunstneren til Leonard Borwick.
Arne Bruun Rasmussen, auktion 46, København. 5. nov. ff.
1953, kat. no. 51, repr. Arne Bruun Rasmussen, auktion no.
272, København 7. dec. ff. 1971, kat. no. 89, repr. Købt her
af Ny Carlsbergfondet og skænket Lolland-Falsters Kunstmu-
seum samme år
Litteratur: Alfred Bramsen: V.H., København og Kristiania
1918, p. 52, 60, 63, 66, kat. no. 290. Lolland-Falsters
Stiftsmuseums Årsskrift, Maribo 1972, p. 17, repr. Henrik
Hertig: Fortegnelse over malerier og skulpturer, Lolland-
Falsters Kunstmuseum, Maribo 1975, no. 83
Udstillinger – se under katalog no. 110

182

112 *Stue. Solskinsstudie.* (1906)
Study of sunlit interior
Samme rum, Strandgade 30, som anvendt i *»Støvkornenes dans i solstrålerne«* malet 1900, katalog no. 71, og *»Møntsamleren«* fra 1904, katalog no. 97. Det benyttedes også i flere andre interiørbilleder – se Bramsen 1918, no. 284, 285, 324 og 327
55×47 cm
Davids Samling, København. Inv. no. B 312

Proveniens: Alfred Bramsen. V. Winkel & Magnussen, auktion 176, København 24. maj 1935, kat. no. 46, repr. Købt her af C. L. David
Litteratur: Alfred Bramsen: V.H., København og Kristiania 1918, p. 60, 63, kat. no. 283. Erik Zahle i C. L. Davids Samling, Nogle studier I, København 1948, p. 207
Udstillinger: V.H., E. J. van Wisselingh, London 1907, kat. no. 4. Den frie Udstilling, København 1908, kat. no. 332. Arbejder af V.H., Kunstforeningen, København 1916, 2. afd. kat. no. 62. Nyare dansk konst, Liljevalchs Konsthall, Stockholm 1919, kat. no. 453. Udvalg af V.H.s Arbejder, Kunstforeningen, København 1930, kat. no. 27. Det besjälade rummet, Malmö Museum, 1975, kat. no. 12, repr. V.H., Prins Eugens Waldemarsudde, Stockholm 1976, kat. no. 30

113 *Landskab. »Rønnealleen« ved Snekkersten.* (1906)
Landscape. Line of rowan trees near Snekkersten
42×54 cm
Davids Samling, København. Inv. no. B 311

Proveniens: Wilh. Tegner. Købt 1923 af C. L. David fra dennes samling
Litteratur: Alfred Bramsen: V.H., København og Kristiania 1918, kat. no. 287
Udstillinger: En Samling Malerier og Studieraf danske Kunstnere, V. Winkel & Magnussen, København 1913, kat. no. 3. Arbejder af V.H., Kunstforeningen, København 1916, 2. afd. kat. no. 63. V.H., Prins Eugens Waldemarsudde, Stockholm 1976, kat. no. 29

114 *Ungskov.* Trørød. (1907)
Landscape with young trees. Trørød
45×68 cm
V. Heltborg Nielsen, Svendborg

Proveniens: Alfred Bramsen. Arne Bruun Rasmussen, auktion 41, København 15. maj 1953, kat. no. 51, repr. Arne Bruun Ramussen, auktion 53, København, 7. okt. ff. 1954, kat. no. 31, repr. Arne Bruun Rasmussen, auktion 61, København 26. april 1955, kat no. 104. Arne Bruun Rasmussen, auktion 103, København 5. marts f. 1959, kat. no. 78. Købt her af nuværende ejer
Litteratur: Alfred Bramsen: V.H., København og Kristiania 1918, kat. no. 295
Udstillinger: Den frie Udstilling, København 1908, no. 338. Arbejder af V.H., Kunstforeningen, København 1916, 2. afd. no. 69. Udvalg af V.H.s Arbejder, Kunstforeningen, København 1930, kat. no. 31. V.H., Theodor Philipsen, L. A. Ring, Sveriges Allmänna Konstförening, Stockholm 1930, kat. no. 28.

115 *Unge ege.* 1907
Landscape with young oaks
Bet. f.n.t.v.: VH 07
55×76,5 cm
E. Svendsen, København

Proveniens: Alfred Bramsen. Gustav Falck. V. Winkel & Magnussen, auktion 185, København 26. nov. 1935 (Axel Henriques), kat. no. 92. Købt her af V. Ragoczy. Fru V. Ragoczy. Arvet efter denne af nuværende ejer
Litteratur: Alfred Bramsen: V.H., København og Kristiania 1918, kat. no. 296, repr. Poul Vad: V.H., København 1957, p. 20, pl. 39
Udstillinger: Den frie Udstilling, København 1908, kat. no. 85. Arbejder af V.H., Kunstforeningen, København 1916, 2. afd. kat. no. 74. Det danske Kunststævne, Forum, København 1929, kat. no. 131. Udvalg af V.H.s Arbejder, Kunstforeningen, København 1930, kat. no. 32. V.H., Theodor Philipsen, L. A. Ring, Sveriges Allmänna Konstförening, Stockholm 1930, kat. no. 29. V.H., Prins Eugens Waldemarsudde, Stockholm 1976, kat. no. 32

116 *Ida Hammershøi,* født Ilsted, kunstnerens hustru. (1869–1949). (1907)
Portrait of Ida Hammershøi, née Ilsted, the artist's wife
En gentageles af dette portræt tilhører Aarhus Kunstmuseum (Bramsen 1918, no. 298)
91×73,5 cm
Statens Museum for Kunst, København. Inv. no. 3352

Proveniens: Ida Hammershøi. Gave 1916 fra denne til Statens Museum for Kunst
Litteratur: Alfred Bramsen: V.H., København og Kristiania 1918, kat. no. 297. Poul Vad: V.H., København 1957, p. 19, pl. 44, 49. Nyere dansk malerkunst, Katalog, Statens Museum for Kunst, København 1970, no. 3352
Udstillinger: Den frie Udstilling, København 1908, kat. no. 337. Arbejder af V.H., Kunstforeningen, København 1916, 2. afd. kat. no. 65. Det danske Kunststævne, Forum, København 1929, kat. no. 132. Vor tids kunst i privateje, Charlottenborg, København 1953, kat. no. 79. V.H., Oslo Kunstforening, 1955, kat. no. 35. V.H., Kunstforeningen, København 1955, kat. no. 40

117 *Indkørsel til Asiatisk Kompagni.* (1907)
The Gateway of the East Asiatic Company
Hammershøi beskæftigede sig også tidligere med dette motiv – se katalog no. 84 og Bramsen 1918, no. 297
Bet. f.n.t.h.: VH
50,5×42,7 cm
Privateje

Proveniens: Alfred Bramsen. Gustav Falck. Arne Bruun Rasmussen, auktion 5, København 10. marts 1949, kat. no. 54, repr. Arne Bruun Rasmussen, auktion 8, København 19. sept. ff. 1949, kat. no. 31
Litteratur: Alfred Bramsen: V.H., København og Kristiania 1918, p. 50, 60, 63, 66, 68, kat. no. 303, repr. Poul Vad: V.H., København 1957, p. 21, pl. 40
Udstillinger: V.H., E. J. van Wisselingh, London 1907, kat. no. 9. Den frie Udstilling, København 1908, kat. no. 335. Esposizione internazionale di Roma, 1911, kat. no. 36. Bal-

183

tiska Utställningen, Malmö 1914, kat. no. 2367. Arbejder af V.H., Kunstforeningen, København 1916, 2. afd. kat. no. 70. Nyare dansk Konst, Liljevalchs Konsthall, Stockholm 1919, kat. no. 455. Udvalg af V.H.s Arbejder, Kunstforeningen, København 1930, kat. no. 33. V.H., Theodor Philipsen, L. A. Ring, Sveriges Allmänna Konstförening, Stockholm 1930, kat. no. 32. V.H., Oslo Kunstforening, 1955, kat. no. 36. V.H., Kunstforeningen, København 1955, kat. no. 41

118 *Interiør med punchebolle.* Kunstnerens bolig, Strandgade 30. (1907)
Interior with a punch bowl. From the artist's home at 30 Strandgade
Bet. f.n.t.h.: VH
64×59 cm
Privateje

Proveniens: K. Brandt. V. Winkel & Magnussen, auktion 77, København 30. april 1930 (K. Brandt), kat. no. 16. V. Winkel & Magnussen, auktion 340, København 2. okt. 1947, kat. no. 71. V. Winkel & Magnussen, auktion 358, København 30. marts f. 1950, kat. no. 49, repr.
Litteratur: Alfred Bramsen: V.H., København og Kristiania 1918, kat. no. 305
Udstillinger: Arbejder af V.H., Kunstforeningen, København 1916, 2. afd. kat. no. 72. Udvalg af V.H.s Arbejder, Kunstforeningen, København 1930, kat. no. 34

119 *»Musikværelset«.* Interiør fra kunstnerens bolig, Strandgade 30. (1907)
»The Music Room«. Interior from the artist's home at 30 Strandgade
Bet. f.n.t.h.: VH
69×59 cm
Privateje

Proveniens: V. Winkel & Magnussen, auktion, København, okt. 1910, kat. no. 17. Ole Olsen (angives som ejer 1916). Lady Abrahamsen (angives som ejer 1941). Ole Olsen. Winkel & Magnussen, auktion 307, København 28. febr. ff. 1944 (Ole Olsen II), kat. no. 717, repr. Købt her af nuværende ejer
Litteratur: Alfred Bramsen: V.H., København og Kristiania 1918, kat. no. 308. Poul Vad: V.H., København 1957, p. 21, 22, pl. 37
Udstillinger: Arbejder af V.H., Kunstforeningen, København 1916, 2. afd. kat. no. 75. Mit bedste Kunstværk, Statens Museum for Kunst, København 1941, kat. no. 74. V.H., Oslo Kunstforening, 1955, kat. no. 37. V.H., Kunstforeningen, København 1955, kat. no. 42

120 *Interiør med empiremøbler.* Kunstnerens bolig, Strandgade 30. (Ca. 1907)
Interior with Empire furniture. From the artist's home at 30 Strandgade
Samme interiør og synsvinkel som i katalog no. 118
Bet. f.n.t.h.: VH
71,9×58,4 cm
Privateje

Proveniens: Arne Bruun Ramussen, auktion 233, København 7. maj 1969 (Christa Petersen), kat. no. 17. Formentlig købt her af overretssagfører Peter Olufsen. Overgået fra denne til nuværende ejer

121 *Grønlandske Handels Plads.* (1908)
The wharf of the Royal Greenland Trading Company
Bet. f.n.t.h.: VH
37,5×46 cm
Privateje

Proveniens: Ole Olsen. V. Winkel & Magnussen, auktion 305, København 17. jan. 1944, (Ole Olsen I), kat. no. 730
Litteratur: Alfred Bramsen: V.H., København og Kristiania 1918, kat. no. 311
Udstillinger: Arbejder af V.H., Kunstforeningen, København 1916, 2. afd. kat. no. 79

122 *Gammelt pakhus.* Christianshavn. (1909)
An old warehouse. Christianshavn
Der kendes to mindre forarbejder hertil (Bramsen 1918, no. 321 og 322)
68,1×56,3 cm
Privateje

Proveniens: Ida Hammershøi. Overretssagfører Peter Olufsen. Overgået fra denne til nuværende ejer
Litteratur: Alfred Bramsen: V.H., København og Kristiania 1918, kat. no. 320

123 *Kvindelig model.* (1909–10)
Female nude
Malet før et beslægtet billede af samme model i Davids Samling (Bramsen 1918, no. 330), men efterladt ufuldført. Et mindre forarbejde med tre modelstudier til billedet i Davids Samling tilhører Malmö Museum (Bramsen 1918, no. 318)
205×153 cm
Statens Museum for Kunst, København. Inv. no. 3359

Proveniens: Købt på Vilhelm Hammershøis dødsboauktion, Charlottenborg, København 30. oktober 1916, kat. no. 25, repr. af Statens Museum for Kunst
Litteratur: Alfred Bramsen: V.H., København og Kristiania 1918, p. 60, kat. no. 331. Poul Vad: V.H., København 1957, p. 19 f., pl. 41. Nyere dansk malerkunst, Katalog, Statens Museum for Kunst, København 1970, no. 3359
Udstillinger: Arbejder af V.H., Kunstforeningen, København 1916, 2. afd. kat. no. 82. V.H., Oslo Kunstforening, 1955, kat. no. 38. V.H., Kunstforeningen, København 1955, kat. no. 43

124 *Fra Nakkehoved Strand.* (1910)
From the beach at Nakkehoved
Bet. f.n.t.v.: VH
55×77,7 cm
I. Tryde Haarløv, Odense

Proveniens: Købt før 1916 af Ove Tryde (formentlig direkte hos kunstneren). Arvet efter denne af nuværende ejer
Litteratur: Alfred Bramsen: V.H., København og Kristiania 1918, kat. no. 334, repr.
Udstillinger: Arbejder af V.H., Kunstforeningen, København 1916, 2. afd. kat. no. 91. Udvalg af V.H.s Arbejder, Kunstforeningen, København 1930, kat. no. 39

125 *Interiør med kvinde ved klaver.* Kunstnerens bolig, Bredgade 25. (1910)
Interior with woman at a piano. From the artist's home at 25 Bredgade
Tegnet efter maleri (Bramsen 1918, no. 336)
Kul på papir. 37×29 cm
V. Heltborg Nielsen, Svendborg

Proveniens: Kunstforeningen, København. V. Winkel & Magnussen, auktion 142, København 19. okt. 1933, kat. no. 257. Arne Bruun Rasmussen, auktion 97, København 3. sept. 1958 (J. Seifert-Sørensen), kat. no. 183. Købt her af nuværende ejer
Litteratur: Alfred Bramsen: V.H., København og Kristiania 1918, under kat. no. 336

126 *Interiør med potteplante på spillebord.* Kunstnerens bolig, Bredgade 25. (Ca. 1910−11)
Interior with a plant on a gaming table. From the artist's home at 25 Bredgade
Et ufuldført billede, der synes at behandle samme motiv, figurerer i Bramsens fortegnelse 1918 som no. 349
78,7×71 cm
Malmö Museum, Malmö. Inv. no. K 4663

Proveniens: Engelsk privatsamling. Dansk privatsamling. Arne Bruun Rasmussen, auktion 343, København 16. marts ff. 1976, kat. no. 34. Købt her af Malmö Museum
Udstillinger: V.H., Prins Eugens Waldemarsudde, Stockholm 1976, kat. no. 39

127 *Dobbeltportræt af kunstneren og hans hustru, set i spejl.* Spurveskjul (1911)
Double portrait of the artist and his wife reflected in a mirror. Spurveskjul
Hammershøi lejede sommeren 1911 den af Abildgaard opførte villa »Spurveskjul«. Et beslægtet billede viser samme interiør med Ida Hammershøi set bagfra − ligeledes ovalt (Bramsen 1918, no. 344)
55,2×76 cm
Privateje

Proveniens: Ida Hammershøi. Overretssagfører Peter Olufsen. Overgået fra denne til nuværende ejer

128 *Interiør med Windsorstol.* Kunstnerens bolig, Strandgade 25 (Asiatisk Kompagni) (1913)
Interior with a Windsor chair. From the artist's home at 25 Strandgade

Ufuldført. Et billede, der gengiver samme interiør, tilhører Ordrupgaard − se katalog no. 130
73×54,2 cm
Privateje

Proveniens: Ida Hammershøi (iflg. Bramsen 1918, no. 366). Anna Hammershøi. Gave fra denne til overretssagfører Peter Olufsen. Overgået fra denne til nuværende ejer
Litteratur: Alfred Bramsen: V.H., København og Kristiania 1918, kat. no. 366

129 *Selvportræt.* (1913)
Self-portrait
Hammershøi malede i sine sidste år fem selvportrætter, formentlig blandt andet fordi Uffizierne havde anmodet ham om at levere et billede til sin samling af store kunstneres selvportrætter, men han fandt intet af dem værdigt dertil. Dette portræt, som han selv benævnte »Tordenskjold«, blev 1920 skænket Uffizierne af kunstnerens enke
78,5×65 cm
Galleria degli Uffizi, Firenze. Inv. no. 8422

Proveniens: Ida Hammershøi. Gave 1920 fra denne til Uffizierne
Litteratur: Alfred Bramsen: V.H., København og Kristiania 1918, p. 73, kat. no. 367
Udstillinger: Arbejder af V.H., Kunstforeningen, København 1916, 2. afd. kat. no. 109

130 *»De fire stuer«.* Interiør fra kunstnerens bolig, Strandgade 25 (Asiatisk Kompagni). (1914)
»The four rooms«. Interior from the artist's home at 25 Strandgade
Samme interiør som i katalog no. 128
Bet. f.n.t.h.: VH
85×70,5 cm
Ordrupgaardsamlingen, København

Proveniens: Købt 1915 af Wilhelm Hansen
Litteratur: Alfred Bramsen: V.H., København og Kristiania 1918, kat. no. 368. Leo Swane: Katalog over kunstværkerne på Ordrupgård, København 1954, no. 130. Catalogue of the works of art in the Ordrupgaard Collection, København 1966, no. 130. Fortegnelse over kunstværkerne paa Ordrupgaard, København 1973, no. 130

131 *Selvportræt.* (1914)
Self-portrait
Et af kunstnerens to sidste selvportrætter − det andet tilhører Det nationalhistoriske Museum på Frederiksborg (Bramsen 1918, no. 376) − malet under rekonvalescensen mellem de to sidste sygdomsanfald. Tilsyneladende malet ovenpå andet billede (med ovalt bord el.l.)
58,5×51 cm
Privateje

Proveniens: Ida Hammershøi. V. Winkel & Magnussen,

auktion 357, København 23. febr. 1950, kat. no. 69. Købt
her til nuværende ejers samling
Litteratur: Alfred Bramsen: V.H., København og Kristiania
1918, p. 73, kat. no. 373, repr. Poul Vad: V.H., København
1957, p. 24, pl. 45
Udstillinger: Arbejder af V.H., Kunstforeningen, København
1916, 2. afd. kat. no. 114. Det danske Kunststævne, Forum,
København 1929, kat. no. 135

BIOGRAFISKE NOTER

Noterne bygger i alt væsentligt på den levnedsskildring, Poul Vad udarbejdede til sin bog om Vilhelm Hammershøi, udgivet i København 1957. Vi er taknemmelige for at have fået forfatterens tilladelse hertil. Enkelte nye oplysninger, rettelser og henvisninger til udstillede billeder er tilføjet

1864 Vilhelm Hammershøi fødes d. 15. maj. Forældre: grosserer Chr. Hammershøi (1828–93) og Frederikke, f. Rentzmann (1838–1914). Bopæl: hjørnet af Holmens Kanal og Ved Stranden

1871 Familien flytter til villa på Frederiksberg Allé, skråt over for Platanvej. V.H. modtager fra omkring dette eller foregående år tegneundervisning hos tegnelærer Niels Christian Kierkegaard

Ca. V.H. undervises i maling hos Frederik Rohde,
1878 senere hos Vilhelm Kyhn

1979 Dimitteret af C. F. Andersen og H. Grønvold til Akademiet, optaget i Almindelig Forberedelsesklasse i oktober. Besøger Akademiet til og med april kvartal 1884, bl.a. med Vermehren som lærer

Ca. Modtager af morbroderen bestilling på kopi
1882 efter relief af Thorvaldsen. (Priamus bønfalder Achilles om Hektors lig), tilhører Malmö Museum. Omgås i denne tid Oscar Matthiesen hvis billede Kaifas (efter Dante), udstillet Charlottenborg 1883, han beundrer

1883 Elev på Krøyers skole. Slutter sig især til Carl Holsøe. Daglig arbejdstid: Krøyers skole kl. 8.30–16, Akademiet kl. 17.30–19.30; modtager samtidig undervisning i fransk (brev af 27.–28. maj 1883 til broderen Otto). Sommerophold på Haraldskær Papirfabrik ved Vejle, som ejes af ovennævnte morbror

1885 Debuterer på Charlottenborgudstillingen med Portræt af ung pige (nu Den Hirschsprungske Samling – se katalog no. 13), malet for, men ikke tilkendt Akademiets Neuhausenske Præmie. Udstiller også flg. år (bortset fra 1887) på Charlottenborg-udstillingen, sidste gang 1889.

Første udenlandsrejse, med maleren Rasmus Christiansen til Berlin og Dresden

1887 Anden udenlandsrejse. Afrejse begyndelsen af maj, hjemkomst slutningen af samme måned. Rejserute: Hamburg, Amsterdam, Haarlem, Haag, Rotterdam, Antwerpen, Brügge, Bruxelles

1888 Charlottenborg-udstillingen kasserer Ung pige, der syr (nu Ordrupgaard – se katalog no. 22). Tandlæge Alfred Bramsen, som med årene skaber en omfattende Hammershøi-samling, begynder at erhverve billeder af kunstneren

1889 Tredje udenlandsrejse. Sommerophold i Paris i anledning af verdensudstillingen, hvor han udstiller 4 billeder

1890 Under et ophold i Stubbekøbing i juni forlover V.H. sig med Ida Ilsted (1869–1949), datter af købmand J. P. Ilsted og søster til maleren Peter Ilsted. – Charlottenborg-udstillingen kasserer igen (jvf. 1888) et af V.H.s billeder (Sovekammerinteriør, Bramsen no. 91). Disse kassationer medvirker til, at V.H. sammen med en række andre kunstnere, Johan Rohde, Willumsen m.fl., danner Den frie Udstilling. Under et ophold i København juli 1890 beundrer den store franske kritiker Théodore Duret V.H.s billeder mere end nogen anden samtidig dansk malers (notits i København 16. juli 1890, Karl Madsen i Politiken 2. febr. 1891; beundringen fremgår også af brev fra V.H. til moderen dec. 1891 og sidstnævntes notat i scrapbog 13. juli 1890)

1891 V.H. deltager i den første frie Udstilling med 7 arbejder, bl.a. Portræt af ung pige (Ida Ilsted – se katalog no. 32), som Théodore Duret er interesseret i at købe (brev fra V.H. til moderen 19. juni 1891). I juni nyt ophold i Stubbekøbing. Gifter sig 5. sept. med Ida Ilsted. Ægteparret bosat i Rahbeks Allé i den senere nedrevne »Struenses Villa« (et interiør fra lejligheden i Louis XVI stil, kendt fra et par billeder i Den Hirschsprungske Samling – katalog no. 62 – og Göteborg Konstmuseum – katalog no. 46 – er bevaret i Kunstindustrimuseet, en del af møblerne i Den Hirschsprungske Samling)

1891 Fjerde udenlandsrejse. Bryllupsrejse, afrejse 5.
1892 sept.: Amsterdam (udflugter Zaandam og Haarlem), Haag, Rotterdam, Brügge, Antwerpen, Paris (ankomst ca. 26. sept.). Bosat Avenue Kléber, nær Boulogneskoven. Omgås især Willumsens. Maler fra ca. 23. okt. til jul efter et græsk relief på Louvre (katalog no. 38). Aflægger i dec. besøg hos kunsthandleren Durand-Ruel, som har fået portrættet af Ida Ilsted tilsendt. Besøger desuden Théodore Duret. Hjemrejse over Berlin (1 dags ophold) i begyndelsen af marts

1893 Femte udenlandsrejse, afrejse omkring midten af sept. over München, Verona, Venezia, Bologna, til Firenze. Udflugter til Fiesole og Siena. Hjemrejse i begyndelsen af dec. over Padua, Verona og München

1895 Modtager bestilling på et større figurbillede af instrumentmager Emil Hjorth og maler *Tre unge kvinder* (nu Ribe Kunstmuseum – se katalog no. 53)

1897 Sjette udenlandsrejse, Stockholm. Flytter til Åboulevarden

1897 Syvende udenlandsrejse. Afrejse i begyndelsen
1898 af okt.: over Amsterdam til Rotterdam, desuden besøg i Haarlem, Haag, Scheveningen,

Delft, Schiedam. Ankomst London i slutningen af okt. Tilbage til København jul og nytår (ankomst 22. dec., afrejse 8. jan.). Begynder omkring 1. marts dobbeltportrættet af hustruen og sig selv (nu i Aarhus Kunstmuseum – se katalog no. 66), arbejder stadig på det i maj. Opsøger i maj flere gange Whistler, som han ønsker at vise sit billede, men Whistler er i Paris. Hjemrejse i maj

1899 Flytter til Mikkel Vibes Gaard, Strandgade 30

1900 Retrospektiv udstilling i Kunstforeningen i marts, omfattende 85 billeder. Alfred Bramsen udarbejder i den forbindelse sin første fortegnelse over V.H.s billeder

1902 Ottende udenlandsrejse. Afrejse i begyndelsen
1903 af okt. til Rom. Omgås bl.a. Johannes Jørgensen og Sophus Claussen. Maler det indre af San Stefano Rotondo dec.–jan., færdigt 29. jan. I begyndelsen af febr. til Napoli, desuden Pæstum og Salerno. Hjemrejse 16. febr. med kort ophold i Berlin

1904 Niende udenlandsrejse. I sept. til England, ophold hos V.H.s ven, pianisten Leonard Borwick (1862–1925) i Sussex samt i London

1905 Tiende udenlandsrejse: over Berlin og Kassel
1906 til Amsterdam (ankomst 2. nov.). Derfra (over Haag?) til London (ankomst ca. 10. nov.). Hjemrejse først eller midt i jan.

1907 Elvte udenlandsrejse, til Italien (Firenze). Kommer ca. 10. oktober ud for den ubehagelige tildragelse at blive antaget for falskmøntner, da han i en bank veksler et par sedler, som viser sig at være falske. Ægteparret arresteres og underkastes lange forhør. Begivenheden tager

188

så stærkt på især Ida H., at de aldrig siden rejser til Italien

1909 Flytter til Kvæsthusgade 6. Medlem af Akademiets plenarforsamling

1910 Flytter til Bredgade 25, mellembygningen. Medlem af Akademirådet

1911 Lejer sig for sommeren ind i den af Nicolai Abildgaard opførte villa »Spurveskjul« ved Frederiksdal

1912 Tolvte udenlandsrejse, til England. Ankomst London i begyndelsen af juni

1912 Trettende udenlandsrejse: Over Amsterdam til
1913 London (ankomst ca. 24. okt.). Besøg i Oxford, hvor broderen Svend Hammershøi opholder sig. Hjemrejse i begyndelsen af januar

1913 Fjortende udenlandsrejse, til London i april. Flytter til Asiatisk Kompagni, Strandgade 25. Varetager professor L. Tuxens gerning ved Akademiet under dennes bortrejse

1914 Alvorligt syg. Moderens død og verdenskrigens udbrud tager yderligere på hans kræfter

1915 Maler kun eet billede. Sygdommen, der gør sig stadigt stærkere gældende, omtales i nekrologerne som en lunge- og brystlidelse, et blad antyder kræft. Sygdommen var mod slutningen forbundet med store lidelser, og kunstneren lå i en stadig morfindøs

1916 V.H. afgår ved døden på Kommunehospitalet 13. febr., begraves på Vestre Kirkegaard 18. febr.

1918 Michaëlis & Bramsen udgiver deres værk om V.H. med en fortegnelse over hans samlede værk

1920 Et af V.H.s selvportrætter (katalog no. 129) sendes til Uffizierne i Firenze, der havde bestilt det hos kunstneren efter udstillingen i Rom 1911

UDVALGT BIBLIOGRAFI

Ballin, Mogens:
M.B.: Den frie Udstilling I, Taarnet, Andet Bind, April—Maj, København 1894, p. 36—41

Bodelsen, Merete:
Vilhelm Hammershøis Artemis, Fra muséer og samlinger V, Kunst og Kultur, 42. Årgang, Oslo 1959, p. 161—174

Bramsen, Alfred:
Fortegnelse (over) Vilhelm Hammershøis Arbejder, København 1900
Weltkunst. Der dänische Maler Vilhelm Hammershøi, Zeitschrift für bildende Kunst, N.F., sechzehnter Jahrgang, Leipzig 1905, p. 176—189
Vilhelm Hammershøi, Kunstneren og hans Værk, København og Kristiania 1918 (Sophus Michaëlis: Kunstneren og hans Billeder (digte),I; Alfred Bramsen: Liv og Livsvilkaar, II; Beskrivende Katalog, III)

Ditzel, Harald:
»Artemis«, Kunst, 7. årgang, (København) 1959—60, p. 19—20

Fortegnelse over malerier og skulpturer Fyns Stifts Kunstmuseum, (Odense) 1977

Gunne, Carl:
Nationalmusei Målningssamling, Nordiska konstnärers arbeten, Beskrivande katalog, Andra upplagan, Reviderad och utökad av Gertrud Serner, (Stockholm 1942)

Göteborgs Konstmuseum, Målerisamlingen, Göteborg 1979

Hannover, Emil:
Fortegnelse over Den Hirschsprungske Samling af danske Kunstneres Arbejder, (København 1911)

Hertig, Henrik:
Fortegnelse over malerier og skulpturer, Lolland-Falsters Kunstmuseum, Maribo 1975

Fortegnelse over Oljemalerierne i Den Hirschsprungske Samling af danske Kunstneres Arbejder, København 1930 (Carl V. Petersen)

(Fortegnelse over) Den Hirschsprungske Samling af danske kunstneres arbejder, København 1977 (Eigil H. Brünniche)

Linde, Ulf:
Thielska Galleriet, Stockholm (1979)

Lolland-Falsters Stiftsmuseums Årsskrift, (Maribo) 1972

Madsen, Karl:
Vilhelm Hammershøi, Kunst, I. Aargang, København 1899, upag. (p. 1—13)

Nasjonalgalleriet, Katalog over utenlandsk malerkunst, Oslo 1973

Nordenfalk, C.:
Katalog över Conrad M. Pineus Konstsamling, Göteborg 1940

Nykjær, Mogens:
Hammershøis Artemis, i katalog over udstillingen: Enten Eller, Sophienholm, Lyngby-Taarbæk kommune, 11. oktober 1980—25. januar 1981, p. 70—80

Fortegnelse over kunstværkerne paa Ordrupgaard, København 1973 (Haavard Rostrup)

Petersen, Carl V.:
Omkring Hammershøi-Udstillingen i Kunstforeningen, Tilskueren, Første Halvbind, (Januar—Juni), København 1916, p. 516—525. Genoptrykt i: Afhandlinger og Artikler om Kunst af Carl V. Petersen, København 1939, p. 137—147

Fortegnelse over *Randers Museums* malerier og tegninger, Randers 1952
Ribe Kunstmuseum, Fortegnelse over kunstværker, (Ribe) 1968

Rostrup, Haavard:
Om Vilhelm Hammershøis Kunst, Kunst og Kultur, 26. Årgang, Oslo 1940, p. 177–192
Catalogue of the works of art in the Ordrupgaard Collection, København 1966
Ny Carlsberg Glyptotek, Danske malerier og tegninger, Illustreret fortegnelse over de udstillede malerier og tegninger, Moderne afdeling, København 1977

Sass, Else Kai:
Vilhelm Hammershøi, Danmark, 6. Aargang, Nr. 5–6, (København) 1946, p. 137–144

Statens Museum for Kunst, Nyere dansk malerkunst, Katalog, København 1970, (Marianne Brøns; Elisabeth Fabritius; Marianne Marcussen)

Swane, Leo:
Katalog over kunstværkerne på Ordrupgård, København 1954

Vad, Poul:
Vilhelm Hammershøi, Kunst i Danmark, København 1957

Voss, Knud:
Vilhelm Hammershøi 1864–1916, Dansk Kunsthistorie 4, Billedkunst og skulptur, Friluftsstudie og virkelighedsskildring 1850–1900, København 1974, p. 282–294

Wanscher, Vilhelm:
Vilhelm Hammershøi, Ord och Bild, Tjugofjärde Årgången, Åttonde Häftet, Stockholm 1915, p. 399–411

Zahle, Erik:
Billedkunst, C. L. Davids Samling, Nogle studier, Første del, København 1948, p. 252 f.
Malerisamlingens vækst, op. cit., Tredie del, p. 207

Aarhus Kunstmuseum, Maleri og skulptur, Erhvervet 1962–1972, Århus 1973, (Kristian Jakobsen)

I Den Hirschsprungske Samling findes 4 scrapbøger vedrørende Vilhelm Hammershøi og hans arbejde, som hans mor samlede stof til i perioden 1885–1914 og forsynede med egne notater. Desuden ejer museet en samling breve fra Vilhelm og Ida Hammershøi til Hammershøi-familien.

25
119   piano + cello
118   easel
64
38
86
63
70   (single woman · white chair)
59
69
71
91 (couch)
162 (porcelain tureen)
84 · large E India
126 (flower pot on table)
130 - doors all open
106 (H. doors)
157 - small E India
120 (mirror + table)
101 (settee)
127 - sleep pris + wife
110 - Montague st.
89 - small lscape

93 · woman + tureen
162 - Sun · window
87 - window/window
67 - Sweeping
83 - 2 windows,
          woman
44 · tower (Købke
          Theme)
6 · 3-band lscape
19 · Whistler ma